Karl Valentin zum Vergnügen

W0358142

Karl Valentin mit Zigarre und verlängerter
Nasenspitze, einem seiner Markenzeichen

Karl Valentin zum Vergnügen

Herausgegeben von Ralf Drost
und Karl-Heinz Göttert

Mit 10 Abbildungen

Reclam

RECLAMS UNIVERSAL-BIBLIOTHEK Nr. 14349
2023 Philipp Reclam jun. Verlag GmbH,
Siemensstraße 32, 71254 Ditzingen
Umschlagillustration: Nikolaus Heidelbach
Umschlaggestaltung: Eva Knoll
Druck und Bindung: Esser printSolutions GmbH,
Untere Sonnenstraße 5, 84030 Ergolding
Printed in Germany 2023
RECLAM, UNIVERSAL-BIBLIOTHEK und
RECLAMS UNIVERSAL-BIBLIOTHEK sind eingetragene Marken
der Philipp Reclam jun. GmbH & Co. KG, Stuttgart
ISBN 978-3-15-014349-0

Auch als E-Book erhältlich

www.reclam.de

Inhalt

I Autobiographisches

II Couplets

III Monologe

IV Dialoge

v Szenen

Anhang

Vorwort

Zur Biographie

Karl Valentin wird als Valentin Ludwig Fey am 4. Juni 1882 im Münchner Vorstadtviertel Au geboren. Im selben Jahr sterben seine beiden älteren Brüder Karl (8) und Max (6) an Diphtherie. »Würgeengel der Kinder« wurde diese Krankheit im Volksmund genannt. Ein Impfstoff steht erst gegen Ende des Jahrhunderts zur Verfügung, in Berlin gemeinsam entwickelt von Emil von Behring und Kitasato Shibasaburō, einem deutschen und einem japanischen Mediziner. Für Valentins Eltern zweifelsohne ein schwerer Schicksalsschlag. Weitere Kinder folgen nicht. Valentin bleibt Einzelkind. Den Unterhalt für seine Familie erwirtschaftet der Vater Johann Valentin Fey als Tapezierermeister und Speditionsunternehmer. Diesem Erwerbsfeld bleibt sein Sohn anfangs verbunden. Denn nach dem Abschluss der Schule absolviert er eine dreijährige Schreinerlehre. Der künstlerische Weg, den Valentin danach beschreitet, zeichnet sich durch Unternehmergeist aus, wenn auch nicht immer mit Fortune, sowie durch handwerkliches Geschick, dies jedoch mit Bravour. Beides dürfte auf frühe Prägung im Elternhaus zurückgehen.

1902 tritt Valentin nach dem dreimonatigen Besuch einer Varietéschule zum ersten Mal unter seinem Künstlernamen auf. Im selben Jahr stirbt sein Vater. Mit seiner Mutter Maria Johanna, geborene Schatte, leitet Valentin für einige Jahre das Speditionsunternehmen, nimmt nebenbei Unterricht im Zither- und Mandolinenspiel und tritt gelegentlich als Musikkomiker auf. Musik wird eine Konstante in seinem Werk. Zahlreiche Stücke und Szenen kreisen um Instrumente, Tonträger, Musikaufführungen. Autodidaktisch erlernt er nach und nach Trompete, Posaune, Tuba, Violine, Gitarre und mehr.

1908 erfolgt Valentins Durchbruch im Münchner Volkssängerlokal Frankfurter Hof. Dort lernt er 1911 Elisabeth Wellano kennen, zehn Jahre jünger als er, die als Soubrette auftrat. Gemeinsam kreieren sie den Künstlernamen Liesl Karlstadt, angelehnt an Valentins Vorbild, den damals populären Gesangshumoristen Karl Maxstadt. Unverkennbar bereits hier der Spaß am Sprachspiel.

1912 dreht Valentin seinen ersten Film mit dem Titel *Karl Valentins Hochzeit*, eine Groteske mit Georg Rückert als korpulenter Braut im Gegensatz zum hageren Bräutigam. Schon frühzeitig macht Valentin, der zeitlebens an Asthma leidet, seine auffallende Statur zum Markenzeichen, überbetont sie durch hauteng geschneiderte Kostüme, Cyrano-Nase, Requisiten, tritt als »Skelettgigerl« auf, rückt seine Kunst-

Valentin mit Fagott, um 1911/12

figur in die Nähe der Freak Shows, wie sie vor allem in den USA beliebt waren.

Ohnehin geht die Komik des Vaudevilles und Kabaretts, später die des Slapsticks, oft mit einer inszenatorisch verstärkten Präsentation von physischen Normabweichungen einher: Übergewicht, Untergewicht, Untergröße, Übergröße. Erinnert sei an das erfolgreiche dänische Komikerduo Pat & Patachon, das sind Carl Schenstrøm und Harald Madsen. Schenstrøms Statur weist übrigens eine verblüffende Ähnlichkeit mit der von Valentin auf.

Die Produktion von Karl Valentin war beträchtlich, nimmt man allein seine Texte für die Bühne, die später für Ton- und Filmaufnahmen teils umgeschrieben wurden. Sie zu lesen ist ein Vergnügen, zweifellos, indes doch nur ein halbes. Denn sie leben von der Aufführung, der Verlebendigung durch ihren Autor im kreativen Zusammenspiel mit Liesl Karlstadt. Die Filme und Schellackplatten der beiden sind das eigentliche Werk, zum großen Glück in digital restaurierter Form leicht zugänglich.

Die nächsten mehr als zwanzig Jahre sind die Jahre der großen Erfolge des Duos. 1922 drehen beide gemeinsam mit Bertolt Brecht den Kurzfilm *Mysterien eines Frisiersalons*, eine Mischung aus Grand Guignol und Surrealismus. 1924 findet die Uraufführung des Stückes *Die Raubritter vor München* statt. Im Theater Bewährtes wird verfilmt, so *Orchesterprobe* (1933), *Der*

Valentin beim Schminken zur Aufführung
von *Vorstadttheater*, im Apollo, 1928

verhexte Scheinwerfer (1934), *Im Schallplattenladen* (1934), *Der Theaterbesuch* (1934), *Der Firmling* (1934). Dazwischen erfolgreiche Gastspiele in Berlin.

Aber die Zeit ist mittlerweile eine andere geworden. 1933 prägte Carl Niessen maßgeblich den Begriff Thingspiel und wirkte am Aufbau eines Freilichttheaters im Sinne nationalsozialistischer Kulturpolitik mit. Ausgerichtet für mehrere hundert bis tausende Darsteller auf eigens errichteten Thingstätten, die dem griechischen Amphitheater nachempfunden waren, werden Stoffe der deutschen Geschichte als Weihespiele aufgeführt, heroisch, völkisch, in der Intention hochaffektiv, um eine Gemeinschaft ideologisch Gleichgesinnter herzustellen. Im Politischen entsprechen dem die Nürnberger Parteitage. Thingspiele und das Theater von Karl Valentin – das ist einer der größtmöglichen Gegensätze in deutscher Sprache zur selben Zeit, vergegenwärtigt man sich dieses solitäre Multitalent an Sprachwitz, Maske, Acting, Musikclownerien, mit Scharfblick für moderne Medien und Sinn fürs Tragikomische, Groteske, Absurde.

Valentins 1936 unter der Regie von Jacob Geis entstandener Film *Die Erbschaft* wird von der Reichsfilmkammer ausdrücklich wegen »Elendstendenzen« verboten. Gedreht im April desselben Jahres, hätte dieser Film vermutlich zur Zeit der Olympischen Sommerspiele in Berlin, also im August, in die Kinos kommen sollen. Und in der Tat – Handlung und Ausstattung von *Die Erbschaft* stehen in geradezu provokantem Gegensatz zur Kulturfassade des Nationalsozialismus. Protagonisten sind ein Altwarenhändler und seine Frau, Schauplatz eine Einzimmerwohnung mit Mobiliar, das so karg wie abgenutzt ist. Auf die Mitteilung hin, sie seien Erben einer Wohnungseinrichtung geworden, vernichten sie die alte. Das neue Mobiliar ist jedoch für den kleinwüchsigen Nachbarn bestimmt, passend zu seiner Körpergröße. Das Ganze ist Folge einer simplen Namensverwechslung: Maier statt Meier. Dieser Film gilt als Valentins bester, als sein ungewöhnlichster. Uraufgeführt wird er aufgrund der Filmzensur tatsächlich erst 1976.

Diese finstere Sozialgroteske – später Naturalismus, frühes Theater des Absurden – bezeichnet den Anfang vom Ende in Valentins Karriere. Liesl Karlstadt zieht sich nach einem Suizidversuch von der Bühnenarbeit weitestgehend zurück. Zum finanziellen Desaster für Valentin wie auch für Karlstadt, die er als Mitinvestorin gewinnen konnte, gerät Valentins Projekt einer Dauerausstellung, das sogenannte Panoptikum, ein Kuriositäten- und Schauerkeller, ersteröffnet im Oktober 1934 in München, das aber noch im selben Jahr wieder schließen muss. 1937 Umzug innerhalb der Stadt. Ab 1941 tritt Valentin in der Öffentlichkeit kaum noch auf. Er verlässt seine Wohnung in München-Mitte und zieht in die vom

Bombenkrieg weniger gefährdete Vorortsgemeinde Planegg, wo er ein Haus besitzt. Dort verfasst er neben Szenen, Monologen und Couplets das Buch *Meine Jugendstreiche*, ein hintersinniges Spiel mit der Memoirenliteratur. Veröffentlicht wurde es posthum 1951.

Versuche, nach Kriegsende an frühere Erfolge anzuknüpfen, scheitern. Der Bayerische Rundfunk befindet seine Aufnahmen von damals für unzeitgemäß. Eine Radiosendung, die dennoch zustande kommt, wird infolge von Protestbriefen aus Hörerkreisen nach der fünften Folge eingestellt.

Im Januar 1948 schließt man ihn versehentlich in ungeheizten Bühnenräumlichkeiten ein oder vielleicht sogar in seiner Garderobe, wo er die Nacht verbringen muss. Seiner angeschlagenen Gesundheit gibt dies den Rest. Am 9. Februar verstirbt Karl Valentin in Planegg bei München infolge einer Lungenentzündung. Er wird 65 Jahre alt.

Ein zeitnahes Interesse der Stadt München am Nachlass bestand nicht. Für 7000 DM ging er 1953 an den bereits erwähnten Carl Niessen, Verfechter des Thingspiels, von 1938 bis 1959 außerordentlicher Professor für Theaterwissenschaft an der Universität zu Köln, zudem Sammler von Zeugnissen deutschsprachiger Theaterkultur. Untergebracht wurde der Nachlass schließlich in der Theaterwissenschaftlichen Sammlung in Schloss Wahn, bei Köln. Eine geradezu valentineske Konstellation.

Karl Valentin galt in der Rezeption lange Zeit als Lokalgenie, als Volkskünstler mit bayerischem Zungenschlag, volksnah und nah an der Sprache der Bevölkerung, nah an der Umgangssprache und ihren Tücken, die denen der Dinge nicht nachsteht. Im kultur- und literaturhistorischen Kontext hat sich erst in der Rückschau – leider, möchte man sagen – gezeigt, Valentin ist in seinen Anfängen Teil jenes kreativen Münchens der Vorkriegszeit, das von Thomas Mann über die satirische Wochenzeitschrift *Simplicissimus*, die Schwabinger Boheme bis zum Kreis um Stefan George reicht. Bertolt Brecht, Alfred Kerr, Thomas Mann, Kurt Tucholsky schätzten und bewunderten Valentin zu Lebzeiten. Samuel Beckett, 1937 auf Deutschlandreise, war von ihm so begeistert, dass er um ein Treffen bat, das auch zustande kam. Gerhard Polt, Herbert Achternbusch, Urs Widmer und Christoph Schlingensief haben sich auf Valentin bezogen. 2012 erhielt Helge Schneider den Großen Karl-Valentin-Preis und darf mit der ihm eigenen, unverwechselbaren Art des Humors als kongenial gelten, auch er wie Valentin ein Multiinstrumentalist, Komiker, Film- und Theaterregisseur, Schauspieler und Schriftsteller.

Zur Sprachkomik

Valentins Kunst ist immer Bühnenkunst, in Auftritten entstanden, für Auftritte geschrieben: sei es für seine Live-Darstellungen in den Münchner oder Berliner Theatern oder für den Film. Dabei liegt seine Spezialität in einer Komik, die im weitesten Sinne dem Spiel mit der Sprache entspringt. Der große Theaterkritiker Alfred Kerr trifft Wesentliches mit seinem Wort vom »Wortzerklauberer«. Nur lässt sich damit nicht die Spannweite dieses Könnens abdecken. Auch sagt es nichts über das Ziel dieser Kunst, über den Sinn der immer neuen Einfälle beim Spiel mit der Sprache.

Um mit dem letzten Punkt zu beginnen: Valentins Anfänge fallen exakt in eine intellektuelle Phase, die man als »Sprachkrise« bezeichnet hat. Die große These lautet, dass Wahrheit an Sprache gebunden ist, aber eben nur an Sprache, deren Zuverlässigkeit allein aufgrund ihrer Konventionalität ein großes Problem darstelle. Als Friedrich Nietzsche, der eigentliche Begründer dieser philosophischen Richtung, einmal den Druckbogen eines seiner Texte korrigierte, stieß er auf eine seltsame Verschreibung. Der Setzer hatte statt »weitsichtig« »weitsüchtig« getippt – und Nietzsche reagierte begeistert. Sinn, davon war er überzeugt, entsteht nicht unbedingt durch tiefes Nachdenken, sondern durch dumme Fehler.

Die Sprache verstellt Sinn, stellt ihn gewissermaßen aus Versehen her. Valentin hat sicher nicht Nietzsche gelesen und auch nicht Schriftsteller, die Nietzsche gefolgt sind wie Hugo von Hofmannsthal oder Karl Kraus (beide 1874 geboren), also ungefähr Altersgenossen Valentins. Aber der Münchner gehört ohne Zweifel zu denen, die das Spiel mit der Sprache als Kampf mit einem übermächtigen Sinn besonders elegant inszenierten.

Wenn man versucht, ein wenig Ordnung in die Vielfalt zu bringen, könnte man nach den Lehren der Rhetorik mit den Wortspielen beginnen, die auf Klängen beruhen. Etwa auf der Vertauschung von Lauten oder Silben, die nach Sigmund Freud vom Unterbewussten gesteuert sind, wenn es etwa heißt: »Gleich hinter der Schei… Schießbude links« oder »Sich sägen bringt Regen«. Es spricht für Valentin, dass er dieses Kunstmittel eher selten verwendet – es tendiert zum bloßen Kalauer. Und wenn doch einmal Laute eine Rolle spielen, dann geschieht dies in einer wunderbaren Diskussion über die Frage, ob der Plural von Semmelknödel nun »Semmelknödeln« oder nicht richtiger »Semmelnknödeln« heißt, mit einer kleinen Abhandlung darüber, wie zu verfahren ist, wenn diese Knödel aus einer oder aus mehreren Semmeln gemacht werden – bei Mottenkugelgröße der Knödel gehe tatsächlich »Semmelknödeln«. Oder wir erleben die Schwierigkeiten, die bei bloßer Abweichung in der Rechtschreibung entstehen, wenn etwa ein neuer Buchhalter namens »Maier« auf seinen Chef namens »Meier« trifft, wozu dann auch noch jede Menge andere Varianten kommen.

Daneben gibt es die Form des Wortspiels, die auf der Vertauschung von Bedeutungen beruht, wie es bei Homonymen der Fall ist. So geht es angesichts der künftigen Einäscherung nach dem Tod darum, dass Valentin seinen körperlichen Wert auf 50 »Mark« (Währungseinheit) taxiert, weil der Anatomieprofessor ihm erklärt hat, dass jeder seiner Knochen »Mark« (also inneres Gewebe) enthält, wobei er seine kümmerlichen 50 Kilo entsprechend hochrechnet. Dass er als Kind mit der »Stimmgabel« gegessen habe, führt er darauf zurück, dass ihn der Vater »nach Noten« geschlagen habe – in diesem Fall mit der Doppelbedeutung von richtigen und metaphorischen »Noten«.

Insgesamt aber liegt die Stärke von Valentin in einem Kampf mit der Sprache, der sich auf deren logische Seite bezieht. Auch dazu hat die Rhetorik Kategorien zur Verfügung gestellt, die aber vor erhebliche Abgrenzungsprobleme stellen. Man kann etwa Antithesen (als bloße Entgegensetzung) von Paradoxen (als Widersinnigkeiten) unterscheiden und dann weiter nach Steigerungen wie etwa dem Absurden (als eher physikalisch Sinnlosem) oder dem Grotesken (als eher phantastischen Handlungen) suchen. Aber fast immer geht all dies ineinander über, steht in ein und demselben Text nebeneinander und bezeugt letztlich immer nur das Gleiche: eine Welt der Verwirrung und Überforderung.

Um einige Beispiele zu geben: Wenn Valentin in *Der neue Schreibtisch* an einem wackligen Stehpult so lange jeweils das falsche Bein kürzer sägt, bis er davor nur noch auf dem Boden sitzen kann, wirkt dies grotesk. Genauso wie in »So ein Zirkus« der Versuch, Fallschirmabsprünge mit einem bloßen Regenschirm zu kopieren. Auch der kleine Anschlag auf die Mitmenschen, den er in Kindertagen mit ekelerregenden Gummischlangen inszenierte, wirkt grotesk (»Lumpereien«). Demgegenüber mutet die Schlussfolgerung, dass der »Urgroßvater«, dem seine Uhr gestohlen wurde, nun jünger geworden, also nur noch der »Großvater« sei (»Die Uhr von Löwe«), absurd an. Auf einfachste Weise entstehen absurde Äußerungen, wenn Valentin sich fragt: »... war das gestern oder war's im vierten Stock oben?« (»Im Gärtnertheater«). Aber ist es nun absurd oder grotesk, wenn sich Valentin mit seiner Partnerin darüber unterhält, ob die Zwetschgen, die er gekauft hat, nicht doch eher Birnen, Stachelbeeren oder vieles andere seien, ein Gerede, für das er ein erfrischend klares Wort findet: nämlich »saudumm«.

Aber wie gesagt: Valentin hält sich nicht an solcherlei Unterscheidungen, er mischt sie, wie es gerade passt. Und hat Spaß an dem, was diesen Unterscheidungen letztlich gemeinsam zugrunde liegt: die Unlogik. Im »Gärtnertheater« wohnen wir einem Feuerwerk dieser Art bei. Es beginnt schon mit der eben zitierten Ungereimtheit bei der Festlegung des Tages, an dem der Besuch stattfand (»gestern oder im vierten Stock«). Dann trauen sich Mutter und Sohn nicht ins Gärtnertheater, weil sie befürchten, nur Gärtner seien zugelassen. Und weil das Stück lange »nicht angeht«, wollen sie nicht für dieses »no net angehn« bezahlen. Weiter wundern sie sich darüber, dass während der Pause nicht gespielt wird und so weiter und so fort. Natürlich ist all dies höchst lächerlich, also irgendwie grotesk, aber es mischt sich auch mit Absurdem. Wirklich klar ist nur der »Sinn« des Ganzen: Diese Welt ist schlicht verwirrend, man kann sich in ihr verlieren, vor allem, wenn man die Dinge auch noch zu genau nimmt wie ganz am Ende des Stücks, wo Mutter und Sohn ins Bett gehen, aber nicht eigentlich »gingen«, sondern »stiegen«, weil der Weg »vom Zimmer zum Bett« nicht gar so weit gewesen sei.

Wer all dies für Klamauk hält, sei gewarnt. Bertolt Brecht, einer der vielen hochkarätigen Fans, hielt Valentin für »die einzig revolutionäre Erscheinung auf dem heutigen Theater«. Wer etwa die kleine Erörterung liest, was »fremd« bedeute und dass der Fremde nur in der Fremde fremd sei – ein hübsches Paradox –, könnte sich an unsere Gegenwart erinnert fühlen. Auch sonst stößt man auf Bemerkungen, die

Liesl Karlstadt und Karl Valentin in *Der Firmling*, Film 1934

ganz jenseits der Wortjonglierereien Haltung bezeugen wie etwa bei der Ablehnung von Kriegen und nebenbei auch zu viel Technik (»Wenn ich einmal der Herrgott wär«). Was Brecht meinte, könnte aber mit etwas zusammenhängen, was Valentin in die Nähe von Franz Kafka (den er nicht kannte) oder auch Eugène Ionesco (den er kannte) rückt: eine Darstellung der Welt, die dem Einzelnen jedes Begreifen verweigert. Einer der berühmtesten Dialoge ist dafür ein Beispiel, der »Buchbinder Wanninger«, in dem der Protagonist an einer scheinbar simplen Aufgabe scheitert, nämlich telefonisch einen Ansprechpartner zu finden, dem er das bestellte, nun fertige Buch zustellen kann. Er wird innerhalb der Firma von Abteilung zu Abteilung weiterverwiesen. Keiner will zuständig sein und das bis Büroschluss.

Das Feld wird bei genauerem Hinsehen weiter und weiter. Das Spiel mit der Sprache, mit Groteske und Absurditäten, reicht bis zur Nonsensdichtung, die Valentin in die Nachbarschaft des damaligen Dadaismus stellt. Ein anderes Beispiel ist der Monolog »Der Weltuntergang«. Und dann gibt es die Theaterstücke, in denen sich alle bereits genannten Formen mischen wie etwa im *Firmling*. Schließlich muss man auch noch an Traditionelles erinnern, das Valentin bedient, in seinen Couplets zum Beispiel, Gedichten, die er gesanglich vortrug, wie etwa »Lorelei«.

Fazit? Eher kein Fazit, das zu viel Verschiedenheit auf einen viel zu kurzen Nenner brächte. Nur dies: Valentin stand in seiner großen Zeit (zuletzt wurde er ja mehr und mehr vergessen) für eine Wortkunst, die Bewunderung unter seinen bedeutenden Kolleginnen und Kollegen hervorrief. Diese Zeit kommt nicht mehr zurück. Mit heutigen Comedians, ob im Kabarett oder in Late-Night-Shows, ist er nicht zu vergleichen. Die Zeiten haben sich eben geändert. Aber die Erinnerung an Valentin und seine Kunst lohnt sich.

Zur Auswahl

Unsere Auswahl beschränkt sich auf die kleinen Formen in Valentins Werk, auf seine autobiographischen Skizzen, Couplets, Monologe, Dialoge und Szenen. Die Theaterstücke und ihre für die Verfilmung teils umgeschriebenen Fassungen sind ausgespart. Nur Auszüge aus ihnen zu bieten, wäre nicht zufriedenstellend. Das ein oder andere in Gänze zu präsentieren, hätte die Auswahl geschmälert.

1 Autobiographisches

So ein Zirkus

Ach was gäbe ich dafür, wenn nur für einen Sonntagnachmittag meine Jugendzeit und der alte Zirkus Bavaria auf der Theresienwiese wieder käme! Mit dem Schlag drei Uhr breschten wir Auer Buben eine Stunde vor Beginn hinaus, jeder mit einem Zwanzgerl bewaffnet. Zwei Schwierigkeiten waren zu überwinden. Einmal kostete ein Kinderbillet zwanzig Pfennig. Da wir aber schon halbe Lackeln von vierzehn bis sechzehn Jahren waren, gingen wir vor der Kasse in die Kniebeuge und bemühten uns recht kindlich zu erscheinen. Meistens bekamen wir auf diese Weise anstandslos unsere Kinderkarte. Aber nun galt es die zweite Feuerprobe beim Billetabreißer, der im Zirkusgang stand. Bei dem half keine Kniebeuge. Nur seine Laune und sein Pflichtgefühl hatten zu bestimmen, ob wir als Kinder oder als Erwachsene zu gelten hatten. War er schlecht gelaunt, dann hieß es: »Machts, dass zum Teufi kemmts, ihr Schwindler, gleich gehts an d'Kasse und holts euch a anders Billet!« Dann huben wir ein Flehen und Betteln an: »Bittschön Herr Zirkusmann, lassens uns nei, mir habn bloß a Zwanzgerl dabei; mir san arme Kinder, da Vatta is krank, mir ham dahoam nix z'essen, d'Muatter is operiert worden.« Kurz, was es eben an Familienunglück gab, leierten wir in der Schnelligkeit herunter und wenn wir Glück hatten, erweichten wir damit das Herz des Billeteurs und er ließ uns hinein. Manchmal hatte er aber schlechte Laune. Dann konnte ihn kein Mitleid rühren. Seine Seele blieb hart wie Granit und wir mussten mit unsrem Zwanzgerl traurig wieder den Heimweg antreten. Dann war's mit dem Zirkus für heut nix. Alles wegen dem Sauhund, weil er des net glaubt hat, dass wir no Kinder san. Hatten wir aber einmal Glück, dann bedeutete so eine Zirkusvorstellung das halbe Himmelreich. Mund und Nase offen hingen wir an der Galeriebrüstung und staunten über die tausend Künste. Am meisten gefielen uns natürlich die Hans Kasperln, die Kugelläufer, die Jongleure und Akrobaten. Und am nächsten Tage wurde alles was wir sahen nach der Schule nachgemacht.

Einmal habe ich zu Hause alle Zirkuskunstreiter übertroffen. Unser Rappe Maxl war sonst ein braves Pferd und ich schwang mich oft auf seinen breiten Rücken. Dazu kletterte ich zuerst an der Stallwand hoch und blieb oft stundenlang auf ihm sitzen. Einmal habe ich sogar meine Schulaufgaben dort oben gemacht. Aber eines Tages hatte der Maxl ein Furunkel auf dem Hals, von dem ich nichts ahnte; und ausgerechnet an dieser Stelle fasste ich ihn kräftig in die Mähne. Natürlich brachte ich das brave Ross zur

Verzweiflung. Aber je mehr es um sich schlug, desto fester krallte ich mich an der verhängnisvollen Stelle ein. Dabei schrie ich aus vollem Halse bis man mir zu Hilfe kam. Diesen Ritt habe ich bis heute nicht vergessen und wenn ich gezwungen wäre wieder einmal einen Pferderücken zu besteigen, – sei es auch nur der eines hölzernen Jahrmarktkarussellpferdes – ich würde zuerst die Mähne auf Furunkeln untersuchen.

Öffentlich bin ich zum ersten Mal am Chinesischen Turm aufgetreten. Das war 1885. Ich werde noch davon erzählen. Mein zweites Debüt fand im Gasthaus zur Lilienbrauerei in der Au anno 1890 statt. Dort tagte in der Lilienstraße der Stammtisch meines Vaters. Lauter »Dreiquartelprivatiers« kamen da allabendlich zusammen. Der Niederreither Karl und ich wollten an einem Faschingsdienstag meinen Vater überraschen. Wir hatten nämlich im Zirkus Bavaria auf der Theresienwiese zwei Clowns gesehen, die den altbekannten Spaß vom Tellschuss aufführten, wo der »junge Tell« immer den Apfel auffrisst, ehe der alte Tell seinen Meisterschuss anbringen kann. Für mich war die Kritik der Stammgäste ein besonderer Ansporn, denn sie waren einmütig davon überzeugt noch keinen so saudumm schauen gesehen zu haben wie den Fey-Buam.

1895 waren Fallschirmabsprünge noch nicht Mode. Doch sind wir damals schon vom ersten Stock unseres Rückgebäudes auf eine alte Matratze in den Hof gesprungen. Es hat tatsächlich ziemlicher Mut dazu gehört so einen Sprung zu riskieren. Trotz der weichen Unterlage bekamen wir manche Verletzung und einmal stieß ich mich mit dem Unterkiefer so gegen die Knie, dass ich mir beinahe die Zunge abgebissen hätte. Da kam einer von uns Buben auf die Idee mit dem Regenschirm abzuspringen; und nun wurde die Sache ungefährlicher. Jahre später erst hörten wir von dem Fallschirmspringer Lattemann, der bei dem großen Gartenfest zu Gunsten der Pensionskasse des Gärtnertheaters im Maximilianskeller in Bogenhausen, wo heute das Prinzregententheater steht, aus einem Luftballon mit dem Fallschirm aus 500 Metern Höhe abgesprungen ist. Damit hatte er unseren Rekord gebrochen, denn wir sprangen nur fünf Meter. Wir waren dafür früher dran; er hat es uns bloß nachgemacht und das ist ja schließlich keine Kunst.

Beim Karussellfahren war für uns Buben die Hauptsache das Ringziehen. Wem es gelang, beim Vorbeipassieren aus einer blechernen Hülse, in der sechs Ringe steckten, fünf eiserne und einer aus Messing, mit dem Zeigefinger den Goldring zu erwischen, der konnte ein paar Mal umsonst fahren. Das hing allerdings von der Gunst des Ringbuben ab, der vom Besitzer für den Ringziehapparat engagiert war, denn für seine Freunde hielt er den »Goldenen« zurück. So wurde schon damals geschoben.

Auch wenn es galt, in einer schönen Sommernacht irgendwo ein Feuerwerk abzubrennen – sei es im Bürgerbräu auf der Theresienwiese, in der Isarlust im Herzogpark, im Volksgarten Nymphenburg oder im Schleibinger-Keller an der Rosenheimer Straße, so waren wir Buben schon am Nachmittag zur Stelle und schauten den Pyrotechnikern zu wie sie die Wiese pflanzten. Und wenn dann am Abend die Raketen zischten, die Feuerräder fauchten, die Bomben in der Luft platzten, da waren wir das lauteste Publikum auf den eintrittsfreien Plätzen, irgendwo auf einer Holzplanke. Einmal war ich so begeistert davon, dass ich mir in einer Buchhandlung in der Theatinerstraße das Buch *Die Kunstfeuerwerkerei* kaufte und anfing zu Hause Feuerwerk zu machen. Da wurden Pulver gekauft, Papierrollen geleimt und Chemikalien zurechtgerichtet, alles nach Rezept.

Manche Feuerwerkskörper gingen schon während der Fabrikation los; wunderbarerweise immer ohne Unglück. Leider ist es zu einem Programm pyrotechnischer Vorführungen in unserem Hof nie gekommen, denn vor lauter Probieren hat es bei uns so oft gekracht, dass sich die Nachbarschaft an die Polizei wandte, die uns dann die Feuerwerkerei streng verboten hat. Und da es trotz der Dunkelheit beim Abbrennen nie zu Farbeneffekten, sondern nur zu Funken und Explosionen gekommen ist, sahen wir mit der Zeit ein, dass die Pyrotechnik doch nicht so einfach ist. Trotz aller Knallerei ist auch hierbei noch kein Meister vom Himmel gefallen.

München hatte schon 1895 viele Radrennbahnen, eine im Volksgarten in Nymphenburg, eine in Perlach, eine am Schyrenplatz in Giesing und eine vielleicht sogar in Milbertshofen. Fast jeden Sonntag war »Veluziped-Rennen«. Es gab auch schon Rennfahrer, wie Rabel Toni, Schildberger Hans, Fischer, Rucker, Oberberger, Opel, den späteren Direktor der Opel-Auto-Werke. Heute vergöttert unsere Jugend die Fußballer. Wir machten es genauso mit den Rennfahrern. Und als wir das erste Radl geschenkt bekamen, trainierten wir an Wochentagen heimlich am Schyrenplatz, wo die Rennbahn wegen Bankrott offenstand. Dort wurde in einem Tempo gejagt, dass ich mich heute noch wundere, dass wir nicht alle die galoppierende Schwindsucht bekommen haben. Die Manege hat eben doch eine mächtige Anziehungskraft, – und ganz besonders für mich.

Das muss man mir auch später direkt angesehen haben. Als ich einmal mit Liesl Karlstadt in Wien gastierte, kamen wir auf einem Spaziergang an einem Trödlerladen vorbei. Der Komiker Karl Flemisch, der Schauspieler Otto Wenninger und meine Partnerin grinsten alle über das alte Geraffel, das der Tändler auf offener Straße feilbot. Nur ich hatte einen grantigen Tag und machte ein bitteres Gesicht. Da kam der Trödler ausgerechnet auf mich zu, eine alte

Klarinette in der Hand und meinte: »Gengas zua, kaufen's mir doch dies Instrument ab, dös is was für Eahna, Sie san g'wiss a Zirkusclown.« Ich war platt.

Lumpereien

Unter unseren Nationalspeisen, als da sind Bärendreck, Süßholz, Oblatenabfall, Waffelbruch und Minzenkugeln, waren die sogenannten »essbaren Gummischlangen« sehr beliebt. Sie hatten eine hellrosa Farbe. Daher waren sie weniger zum Vernaschen willkommen, als wegen des Ekels, den wir damit unwissenden Menschen einflößen konnten. Wir rissen die Speise in der Mitte auseinander, machten sie nass, steckten jedes der beiden Enden in ein Nasenloch und ließen sie lustig herunterbaumeln. Ich kann versichern, dass es eine wirklichkeitsgetreuere Nachahmung der sogenannten Rotzglocken nicht gibt. Wenn wir an den Leuten vorbeikamen, schleckten wir mit der Zunge an den Gummischlangen und ergötzten uns an dem Abscheu der Zuschauer. Voller Stolz quittierten wir den Zuruf: »Ihr Drecksäu!« und ließen uns den Gummi besser schmecken.

Mein Filmpech

Mein erster Stummfilm hieß *Valentins Hochzeit.* Darin ging es schon ziemlich wild zu. Später habe ich mit Peter Ostermeier den Film *Der Schreibtisch* gemacht. Darin bekam ich in der Maske eines Büroschreibers ein Stehpult geliefert. Aber es war mir zu hoch. Ich nahm eine Säge und machte die Füße kürzer. Leider hatte ich sie nicht alle in gleicher Höhe abgeschnitten und das Pult wackelte. Ich muss also

Der neue Schreibtisch, Film 1914/15

den zu langen Fuß wieder kürzer machen. Aber in der Eile erwische ich den falschen und schneide den ohnehin kürzeren noch kürzer. So schneide und schneide ich bis aus dem Stehpult nur noch ein Sitzpult geworden ist. Als dieses aber nun wiederum wackelt, schneide ich die Beine noch kürzer, bis ich nicht mehr mit dem Stuhl darunter Platz habe, sondern mich auf den Boden setze und in den Boden ein Loch machen muss, um meine langen Beine hindurchzustecken. Und nun kann ich endlich anfangen zu schreiben.

Die Liesl

Einmal kaufte sich meine Partnerin am Viktualienmarkt ein Pfund Zwetschgen. Wir stiegen dann zusammen in die Straßenbahn, taten aber so, als ob wir uns nicht kennten. Auf einmal sprach sie mich an: »Da schauens her, Herr Nachbar, da habe ich mir auf dem Markt soeben Birnen kaufen wollen. Nun hat sich die Obstfrau geirrt und hat mir statt Birnen Äpfel gegeben.« »O mei, Fräulein«, habe ich gesagt, »des sind doch keine Äpfel, des sind so eine Art Aprikosen.« »Ach woher«, sagt sie, »Aprikosen habe ich gar nicht verlangt.« »Wissens«, meinte ich darauf, »ich bin zwar a schlechter Obstkenner, vielleicht sans Ananas oder Bananen, aber dazu san sie mir wieder zu kurz.« Sie darauf: »Ach was, Bananen sind's auf keinen Fall; jetzt weiß ich's, Stachelbeeren sind's.« »Na«, entgegnete ich, »Stachelbeeren haben doch Stacheln, und das, was sie in der Tüte drinnen haben, ist ja ganz glatt.« »Ja, die Stachel [...] sind halt durch das viele Umladen abgebrochen.« Und so ging der absichtlich [...] saudumm geführte Diskurs immer weiter. Auf einmal erhob sich eine ältere Frau, bestimmt eine Münchner Händlerin, welche einen großen Marktkorb vor sich auf dem Schoße hatte, von ihrem Platz und sprach: »Na, jetzt muss i geh, jetzt halt i's nimmer aus, zwoa solche Rindviecher hab i meiner Lebtag noch nicht g'sehn, de kenna net amal Zwetschgn.« Sie stieg aus, murmelte noch vor sich hin, ich rannte ihr sofort nach und rief ihr von der Plattform aus nach: »Sie Frau, jetzt wissen wir's, was es ist – a Kartoffelsalat.« Sie wurde starr, sie hat mir einen Blick zugeworfen, der mir noch heute unvergesslich ist.

II Couplets

Neue Stumpfsinn-Verse

(Nach alter Melodie)

Ich bin so frei und singe jetzt
Noch einige geistreiche Strophen;
Und dass sie die verstehen tun,
Das will ich hoffentlich hoffen.
  Stumpfsinn, Stumpfsinn du mein Vergnügen,
  Stumpfsinn du meine Lust![1]

Der G'sundheitskuchen der is g'sund,
Drum heißt er auch G'sundheitskuchen,
Und glaubst du's nicht, dann kaufst dir ein',
Dann kannst 'n ja selber versuchen.
  Stumpfsinn ...

Wenn du dir 'nen Brillantring kaufst,
Und gibst 'n um 30 Pfenning hera,
So spannt der wo ihn kaufen will,
Aha, dös is a Bera.
  Stumpfsinn ...

1 *Der bekannte Stumpfsinn-Refrain kann auch mit einer Papiertrompete nachgeblasen werden.*

Wenn du einen Spazierstock hast,
So gehst du leichter, ich wette;
Doch nimmst du einen Fensterstock,
So hast du ein Gefrette.
Stumpfsinn ...

Die Katze hat an jedem Fuß
Sehr viele spitzige Krallen,
Und hätt die Katz die Krallen nicht,
Tät sie vom Dach runter fallen.
Stumpfsinn ...

Ein Wirt, der hatte 's Gasglühlicht,
Darüber tat er ihm hocken;
Weil d'Strümpf so schnell kaputt gehn tun,
Da tat er 'nauf seine Socken.
Stumpfsinn ...

Das G'witter steht am Himmel drob'n,
Man kann sich darüber ergötzen;
Und wenn man einen Stuhl 'nauf tät,
So könnt das Gewitter sich setzen.
Stumpfsinn ...

»Lorelei«

Vortragender sitzt auf einer Leiter oder einem Stuhl, der mit einem Tuch zugedeckt ist.

Melodie: »Ich weiß nicht was soll es bedeuten.«

Grüß Gott und ich hab die Ehre,
das heißt, ich bin halt so frei,
sie werden mich alle wohl kennen,
man heißt mich kurz die Lorelei,
was wurd über mich schon gesungen,
ich muss es ganz offen gestehn,
und niemand hat mich noch gesehn
und ich bin doch so fabelhaft schön.

Viel tausend Jahr hock ich hier oben
bei Sonnenschein, Regen und Schnee
auf diesem steinigen Felsblock,
mir tut schon mei Rückgebäud weh,
ich singe und zupfe die Harfe,
ich wüsst ja net, was ich sonst tat,
ich weiß nicht was soll es bedeuten,
das Lied wird mir jetzt schon bald fad.

Ich hab keine menschliche Seele,
ich leb nur als Märchen dahin,
drum ist es auch ganz leicht erklärlich,
dass viel tausend Jahr alt ich bin.

Wär ich eine menschliche Jungfrau,
ich sage es offen heraus,
hielt ich es so viel tausend Jahre
alloa da heroben net aus.

Ein Schiffer, ein bildschöner Jüngling,
fährt oft mit dem Kahn hier vorbei,
er liebt nur ein einziges Wesen,
er liebt nur mich, die Lorelei.
Da kommt er schon wieder gefahren,
(schaut nach dem Schiffer)
was willst denn du närrischer Tropf
wenn du dich net gleich aus dem Staub machst
na wirf i dir d'Harpfa am Kopf.

Nun hab'n d'Lorelei sie gesehen,
vergessen sie nie diese Pracht,
nun werde ich wieder verschwinden,
es dunkelt schon heimlich die Nacht,
s' wird finster und immer finst'rer
und langsam geh ich zur Ruh,
und dass sie jetzt wissen, dass gar is,
geht langsam der Vorhang zu.

NB. Als Kopfbedeckung ist eine goldene Perücke oder gelbe Wollperücke erforderlich, in der Hand eine Lyra.

Bei der 5. Strophe wird ein kleines Schifflein, in welchem eine Puppe (Schiffer) sitzt, mit einem schwarzen Faden über die Bühne gezogen.

Expressionistischer Gesang

Überliterarischer Gesang von Karl Valentin 1948

Wie die Maler heute malen
Wie der Dichter heute dicht'
So will ich jetzt humoristeln
Ob es gut ist, oder nicht.

Kanapee glüht Meeresfreiheit
Lippen blau aus Abendrot
Stille Nacht in Marmelade
Edle Kunst behüt dich Gott.

A – b – c – d – e – f – g – h
I – k – l – m – n – o – p
Qu – r – s – t – u – v – w – x
Ypsilon – z – f – f – f *(drei Pfiffe)*

La la la la la la la la
La la la la la la li
Li li li li li li li li
Li li li li li li li la.

In der Nacht die Sterne funkeln
Und der Rundfunk funkelt auch
Funkeln tun auch die Karfunkeln
Und ein funkelnagelneuer Anzug auch.

Wer will unter die Soldaten
Der muss haben ein Gewehr
Das muss er mit Pulver laden
Und so weiter und so wei – ter.

Ein Gewitter ist im Anzug
Dieses leuchtet mir nicht ein
Ein Gewitter in der Hose
Das könnt leichter möglich sein.

Leiser Sturmwind heult in Strömen
Wenn die Katze Kikerikiet
Und der Vater melkt die Enten
Wenn der Limburger blüht.

Wenn die Blätter leise klappern
Und das Bächlein fließt bergauf
Saust das Dampfschiff durch die Wälder
D' G'mütlichkeit hört sich dann auf.

Wenn die Ringelnatter ringelt
Und die Fischlein gehn zu Fuß
Hört! Die Osterglocken pfeifen
Was sein muss, das muss sein muss.

Hundekuchen frisst die Katze
Und ein Kompass singt Tenor
Und es sinkt der Barometer
Das kommt jedem spanisch vor.

Wenn die Reblaus rebiglauselt
Und das Dünnbier ist zu dünn
Billige Heimat sei gegrüßet
Mei Vaterl war a Weanerin.

Suerkraut ist kein Getränke
Denunzieren tut ein Schuft
S' beste Flugzeug wär ein Unsinn
Gäb's im Freien keine Luft.

Ob es heiß ist oder kälter
Ob es warm ist oder weit
Ob es kühl ist oder lustig
Ja, so ändert sich die Zeit.

In Berlin, in Prag und Hamburg
Auch in Bremen und Bayreuth
Auch in Salzburg und am Chiemsee
Und auch in Holzapfelskräut.

Und zum Schlusse muss ich schlusseln
Nehmet eure Händ in d' Hand
Schlagt dieselben oft zusammen
Das wird dann Applaus genannt.

Ich bin der Ritter Unkenstein

Rittergstanzln von Karl Valentin – Oktober 1942

Ich bin der Ritter Unkenstein – zwilli – willi –
wum – bum – bum
Ich möchte auch kein andrer sein – zwilli – willi –
wum – bum – bum
Kömmt mir etwas der Kreuz und Quer
Zerfetz ich alles um mich her.

(Zwischenspiel)

Ich habe eine Kampfnatur – zwilli – willi –
wum – bum – bum
Von Angst, da hab ich keine Spur – zwilli –
willi – wum – bum – bum.
Je mehr ich Feinde hab dahier,
Ja desto lieber ist es mir.

(Zwischenspiel)

Auf meiner Burg muss Ordnung sein – zwilli –
willi – wum – bum – bum
Dort hab ich auch ein Töchterlein – zwilli –
willi – wum – bum – bum
Und kommen Freier zu ihr rauf,
Die spieß ich mit dem Schwerte auf.

(Zwischenspiel)

Ich fürcht mich nicht vor Ach und Weh – zwilli –
willi – wum – bum – bum
Glaubn S', dass ich zu an Zahnarzt geh – zwilli –
willi – wum – bum – bum
Mit einer Beißzang, sehn Sie an, *(zeigt einen großen Schweinszahn)*
Riss ich mir gestern diesen Zahn.

(Zwischenspiel)

Der Gerichtsvollzieher kam zu mir – zwilli –
willi – wum – bum – bum
Mit kleinen Wapperln aus Papier – zwilli – willi –
wum – bum – bum
Ich brach ihn in der Mitt entzwei,
Aus war die Wapperlpapperei.

(Zwischenspiel)

Ich fürchte gar nichts um mich her – zwilli –
willi – wum – bum – bum
Ich fürchte nicht des Feindes Heer – zwilli –
willi – wum – bum – bum
Nur wenn die Schwiegermutter spricht,
Lauf ich davon – ich feiger Wicht.

(Zwischenspiel)

(Die 2 letzten Zeilen singt der Ritter ganz furchtsam und zitternd und verschwindet ganz ängstlich von der Bühne.)

Wenn ich einmal der Herrgott wär

(Zeitgemäßes Couplet v. Karl Valentin – Nov. 1942)

Melodie: »Da streiten sich die Leut herum ...«

Wenn ich einmal der Herrgott wär
Mein Erstes wäre das,
Ich schüfe alle Kriege ab,
Vorbei wär Streit und Hass.
Doch weil ich nicht der Herrgott bin,
Hab ich auch keine Macht;
Zum ewgen Frieden kommt es nie,
Weil's immer wieder kracht.

Wenn ich einmal der Herrgott wär
Mein Zweites wäre dies
Ich schüfe alle Technik ab,
's wär besser, ganz gewiss.
Dann gäb es auch kein Flugzeug mehr,
O Gott! Wie wär das nett!
Und ohne Angst, da gingen wir
Allabendlich ins Bett.

Wenn ich einmal der Herrgott wär
Ich gäbe in der Welt
Den Menschen alle die Vernunft,
Die, scheints, noch vielen fehlt.

Doch weil mir das nicht möglich ist,
Die Sache ist zu dumm,
Drum bringen sich die Menschen mit
der Zeit noch alle um.

Wenn ich einmal der Herrgott wär
Ich glaub, ich käm in Wut,
Weil diese Menschheit auf der Welt
Grad tut, was sie gern tut.
Ich schaute nicht mehr lange zu,
Wenn s' miteinander raufen;
Ich ließe eine Sintflut los
Und ließ sie all ersaufen.

Ja, lieber Herrgott, tu das doch,
Du hast die Macht in Händen,
Du könntest diesen Wirrwarr doch
Mit einem Schlag beenden.
Die Welt, die Du erschaffen hast,
Die sollst auch Du regieren!
Wenn Du die Menschheit nicht ersäufst,
Dann lass sie halt erfrieren.

III Monologe

Das Aquarium

Eine botanozoologische Viecherei von Karl Valentin.

Weil wir gerade von einem Aquarium reden: Ich hab nämlich früher in der Sendlingerstraße gewohnt. Das heißt, nicht *in* der Sendlingerstraße, das wäre ja lächersam – in der Sendlingerstraße könnte man ja gar nicht wohnen, weil immer die Straßenbahn durchfährt. Also, in den Häusern der Sendlingerstraße habe ich gewohnt. Nicht in allen, nur in einem davon. In dem, das zwischen den anderen so drinsteckt, ich weiß nicht, ob Sie das Haus kennen. Und da wohne ich. Aber nicht im ganzen Haus, sondern nur im ersten Stock. Der ist unterm zweiten Stock und da geht in den zweiten Stock eine Treppe hinauf. Das heißt – sie geht schon auch wieder herunter, vielmehr wir, nicht die Treppe, gehen hinauf, man sagt ja nur so.

Und da habe ich in dem Wohnzimmer, wo ich schlafe (ich habe extra ein Wohnzimmer, in dem ich schlafe, und im Schlafzimmer wohne ich), also da habe ich zu meinem Privatvergnügen ein Aquarium. Das steht so in der Ecke drin. Ich hätte ja so ein rundes Aquarium auch haben können, dann wäre aber die Ecke nicht ausgefüllt.

Das Aquarium hat ringsherum vier Glaswände, und unten hat es einen Boden, der das Wasser hält. Wenn Sie nämlich oben Wasser hineinschütten würden, und der Boden wäre nicht da, da könnten Sie ja oben zehn, zwanzig oder sogar dreißig Liter hineinschütten – das würde alles wieder unten hinauslaufen. Bei einem Vogelkäfig sind die Wände auch so ähnlich wie bei einem Aquarium, aber da ist alles ganz anders. Da sind die Wände nicht aus Glas, sondern aus Draht. Es wäre ja auch ein Riesenunsinn, wenn's beim Aquarium ebenso wäre, weil das Aquarium das Wasser nicht halten könnte. Da liefe ja das Wasser immer neben dem Draht heraus. Drum ist eben alles von der Natur so wunderbar eingerichtet.

Ja, und ich habe eben in meinem Aquarium Goldfische, und in meinem Vogelkäfig hab ich einen Vogel. Jetzt hat mich neulich mal die Dummheit geplagt, da hab ich die Goldfische ins Vogelhaus getan und den Kanarienvogel ins Aquarium! Natürlich sind die Goldfische im Käfig immer wieder von der Sitzstange runtergerutscht, und der Kanarienvogel wäre mir im Aquarium bald ersoffen. Dann hab ich die Sache wieder richtiggestellt, und nun sind die Fische wieder lustig im Aquarium geschwommen, erst links, dann rechts, dann hinunter, dann wieder hinauf – die schwimmen fast jeden Tag anders.

Vorgestern ist mir ein Malheur passiert. Die Fische brauchten Wasser, und ich hab einen Wassereimer voll nachgefüllt. Und nun ist das Wasser zwei Zentimeter hoch übers Aquarium hinausgestanden. Das hab ich aber erst am andern Tag gemerkt, und ein Goldfisch ist über den Rand geschwommen und auf den Fußboden hinuntergefallen, weil wir in dem Zimmer, wo das Aquarium steht, einen Fußboden haben. Nun hat aber der Fisch am Boden kein Wasser gehabt, weil wir so, außer im Aquarium, kein Wasser im Zimmer haben. Da hab ich den Fisch aufheben und wieder ins Aquarium zurücktun wollen, aber der Fisch war so glatt und ist mir immer wieder aus der Hand geglitscht. Ja, wenn er aus Eisen wäre, dann hätte ich einen Magnet genommen, und die Sache wäre erledigt gewesen. Aber es ist ja wieder von der Natur so schön eingerichtet, dass die Fische nicht aus Eisen sind, sonst könnten sie ja erstens nicht schwimmen, und zweitens könnte man sie ja dann nicht essen.

Also, den Fisch, der da am Boden lag, den hätte ich nie gegessen! Erstens würde ich von einem Fisch nicht satt werden, und wenn ich die anderen auch alle essen täte, dann wäre ja das Aquarium leer! Ess ich die Fische wirklich und verkaufe das leere Aquarium – hat der andere das Aquarium, und ich hab die Fische.

Verkaufe ich die Fische – hat der andere die Fische und ich das leere Aquarium. Verkauf ich das Aquarium mit den Fischen – so wird das ein Transport, der einen zur Verzweiflung bringt. Denn geht man schnell mit dem fischgefüllten Aquarium, dann schwabbelt immer das Wasser raus und die Fische werden seekrank. Geht man langsam, macht man drei Stundenkilometer! Trägt man die Fische extra und das Aquarium auch extra – werden die Fische kaputt.

Kauft mir der andere nur das Aquarium ab, dann kann er zwar das Aquarium schnell heimtragen, aber er hat keine Fische dazu. Kauft er mir das Aquarium nicht ab und die Fische auch nicht – hat er gar nichts. Und das ist das einzig Richtige. Denn lieber gar nichts, als ein Aquarium, aus dem ein Fisch herausgestürzt ist, und der dann am Boden liegt, und den man nicht aufheben kann. Nicht, weil er so schwer, nein, weil er so glatt ist, wie ein Fisch!

Natürlich wäre der Fisch auf dem Fußboden bald hingewesen. Ich wollte ihn mit einem Browning erschießen, aber die Schießerei war mir zu unsicher, ich nahm den Fisch und warf ihn in die Isar, und er ertrank.

Gott sei Dank!

Ich bin ein armer, magerer Mann

Ach, es ist doch schrecklich g'wiss,
Wenn der Mensch recht mager ist;
Ich bin mager, welche Pein,
Mager wie ein Suppenbein.

Was muss denn ich verbrochen haben, dass mich die Natur gar so grauslich zamg'richt hat. – Ich versteh das nicht, in unserer Familie kann das unmöglich liegen, denn mein Vater wiegt über drei Zentner, meine Mutter über zwei Zentner und meine Schwester hat einen Bahnexpeditor geheiratet, und gerade ich muss so mager sein. – Ja, jetzt tut's es ja noch, aber früher solln S' mich g'sehn hab'n, gleich nach der Geburt, da hab ich ausg'schaut wie a Salami. – Darum hab ich auch als klein's Kind keine Wiege gebraucht, mich hat meine Mutter ganz einfach in einen Lampenzylinder neing'steckt und hat mich am Tisch umhergewalkerlt, so mager war ich.

Und trotzdem is mein Vater stolz auf mich, der mag die fetten Kinder selber nicht und grad deshalb, weil ich so mager bin, drum »mag er« mich so gern. Er sagt »Vetter« kann ich immer noch werd'n, wenn amal mei Schwester heirat. Einmal bin ich in einem Kaffeehaus an einem Billard dort gelehnt und weil ich so mager bin wie ein Stock und weil ich am Billard dortg'lehnt bin, jetzt hat einer glaubt, ich bin der Billardstock. – –

Aber die größte Gaudi war das, wie ich zur Musterung gehen hab müssen, also hab'n die da drob'n a Gaudi g'habt, wie s' mich g'sehn haben. – Net, und ich hab doch, wenn ich ausgezogen bin, so Rippen da 'rüber, quer rüber – mich hat halt früher meine Mutter immer zum Meerrettichreiben hergenommen. – Kurz und gut, wie die mich g'sehn hab'n, hab'n s' g'sagt: Ja Kerl, Sie kommen ja daher wie a Bahnwärterhäusl aus Wellblech. – Aber trotzdem, dass ich so gebaut war, hab'n s' mich nicht genommen zu den Soldaten, nicht amal zum Militär hab'n s' mich brauchen können.

Natürlich bin ich auch furchtbar leicht; wenn ich zum Beispiel in einem Restaurant sitz und da Wirt reibt an Ventilator auf, da muss ich mich immer am Tisch anbinden, dass's mich net in's Röhrl neizieht. – – Dann hat amal einer zu mir g'sagt: Sie sind schon wirklich a gräuslicher Kerl, Sie können Ihnen jetzt schon in der Anatomie verkaufen; dann bin ich auch hingegangen zu dem Anatomieprofessor und hab mich offeriert, nun hat er g'sagt: Was verlangen S' denn für Ihnen? – Ja, sag' ich, unter 80 Mark kann ich mich nicht hergeb'n, weil auf 50 Mark komm ich mich ja selbst. – Ja, sagt der Herr Professor, wie können Sie das behaupten, dass Sie 50 Mark wert sind? – Ja, sag i, ich hab mich kürzlich ausgezogen und hab meine Knochen so abgegriffen und da hab ich rausgefunden, dass ich 50 Knochen hab und weil ich in jedem Knochen »a Mark« hab, bin ich 50 Mark wert. –

Dann hab ich amal was gelesen von einem Leichenverbrennungsverein, denk ich mir, da gehst auch hin und lasst dich amal verbrennen, wennst gestorben bist; dann bin ich auch hingegangen und hab den Leichenverbrennungsvorstand g'fragt, ob das überhaupt geht bei mir, dann hat er mich ang'schaut und hat g'sagt: Ja, Sie sind schon arg dürr, bei Ihnen kostet es mehr. – Ja, sag ich, warum denn grad bei mir? – Ja, sagt er, weil ma bei Ihnen im Verbrennungsofen drin an neuen Rost brauchen, weil Sie durch den jetzigen unbedingt durchrutschen würden. – –

Und trotzdem ist die Magerkeit mein Lebensretter, denn wie ich einmal in Afrika war bei den Kannibalen, da hab'n mich die Menschenfresser erwischt und hab'n mich braten wollen, dann hab'n s' a Feuer g'macht und hab'n mich ausgezogen – wie mich die ausgezogen g'sehn hab'n, sind s' alle davongelaufen weil's denen g'raust hat vor mir und mein Leben war gerettet.

Im Gärtnertheater

Ich weiß nicht mehr genau, war das gestern, oder war's im vierten Stock oben, da bin ich mit meiner Muter ins Gärtnertheater gegangen. Wir haben zwei

Billetten gehabt, und mit diesen *zwei* Billetten sind wir zu *einer* Vorstellung gegangen. – Wir hätten uns zuerst bald nicht 'nein getraut, weil wir geglaubt haben, ins Gärtnertheater dürfen nur die Gärtner hinein, wir haben aber vorsichtshalber in einem Auskunftsbureau telefonisch ang'fragt, und da hat's dann g'heißen »Ja«, dann waren wir wenigstens sicher, dass wir uns nicht umsonst angezogen haben – weil wir angezogen ins Theater 'nein gegangen wären. – Kaum sind wir dringesessen, is no lang net angegangen, ja ham wir uns gedacht, jetzt wart'n wir schon bis es angeht, wenn wir schon positiv das Theaterstück sehen wollen, denn wegen dem Theaterstück sind wir hauptsächlich hineingegangen. No, wie wir so a halbe Stund drinsitzen, auf einmal – geht's noch nicht an; ja, ham wir uns gedacht, wir zahl'n doch nicht für's »no net angehn«. Auf einmal sind die Musiker reingekommen, die ham sich gleich vorn an die Bühne hing'setzt, dass ja alles recht gut sehn und hörn, die andern Leut, wo zahl'n und 's Jahr vielleicht einmal ins Theater 'nein kommen, die dürfen sich hint' hinsetzen. – Endlich is dann 's Theaterstück selbst angegangen, jetzt das hat uns eigentlich weniger int'ressiert, weil's uns da Vater zu Haus schon erzählt hat, gehn hab'n wir auch nicht gleich wolln, wenn wir schon extra deswegen hergegangen sind. – Nach dem ersten Akt ist eine Pause gekommen, während der Pause ham's überhaupt nicht g'spielt, da is da Vorhang runter gangen, dann ham wir nicht mehr g'sehn, wie's droben weiter spieln. Jetzt hab'n uns ich und mei Mutter gedacht, jetzt könnten wir eigentlich in' Erfrischungsraum 'naufgehn, weil's uns so heiß war; no wir sind 'naufgegangen, da hab'n wir uns gar nicht auskennt droben, da hat's Flaschenbier geben, Schokoladebonbons, belegte Brötchen und lauter so Zeugs, und ich und mei Mutter, wir haben uns den Erfrischungsraum so wie a Brausebad vorgestellt. – No dann sind wir wieder 'nuntergegangen auf unsere Plätz, ins Parkett, da is uns beim nächsten Akt was Dumm's passiert, da hab'n wir sehn wolln, ob auf der Bühne ein Teppich liegt, drum sind wir aufgestanden von unsere Sitz, derweil schrei'ns hinter uns »setzen«; wie wir uns niedersetzen wolln, haben wir keine Sessel mehr, hab'ns uns in diesem Moment d'Sessel g'stohlen. Jetzt hab'n uns ich und mei Mutter, bis der Akt aus war, in der Kniebeuge so hinbuck'ln müssen, wissens wie uns d'Haxn weh getan haben; erst wie da Akt gar gewesen ist und wie das Theater heller wurde, sind wir auch heller wor'n, da sind wir drauf gekommen, dass die Sitz bloß so 'naufgeschnappt sind. – Nach dem vierten Akt war's dann beim Schluss gar, jetzt hat's uns erst int'ressiert, wie das Theaterstück heißt, wo wir grad g'sehen hab'n. Wir hab'n schon an Theaterzettel dabei g'habt, aber einen alten, vom Hoftheater, aus Lohengrün, den hab'n wir uns nur mitgenommen, dass wir uns im

Gärtnertheater nicht extra einen kaufen müssen, drum hat nix g'stimmt drauf, weil das Stück wo wir grad g'sehen haben, hat der Herr neben uns g'sagt, heißt »Bruder Straubinger«. – – Drum ist auch kein Schwan daher gekommen, anstatt dem Schwan is eben dann der Bruder komma, da Straubinger. – Wir wär'n dann schon noch sitzen geblieben, aber die andern Leut sind schon alle drauß gewesen, haben wir uns denkt, gehn wir auch, und weil wir so müd war'n, wär'n wir gleich gefahren, weil grad wie wir zum Theater 'naus sind, is a Auto drauß g'standen – drauß gestanden sind ja mehr, jetzt wir wär'n bloß mit einem gefahrn weil wir nicht mehr Geld dabei gehabt haben. – Wie wir an das Auto hinkommen, fragt der Chauffeur, wo wir hinfahren wolln – da sind wir nicht gefahren, grad weil er so neugierig gewesen ist, und zweitens hätt sich's Fahren bei uns so nicht recht rentiert, weil wir vis-à-vis vom Theater wohnen. – Dann sind wir heim und ins Bett gegangen, das heißt, nicht gegangen, sondern neingestiegen, weil wir vom Zimmer bis zum Bett haben wir nicht gar so weit zum gehen. – Wir haben die ganze Nacht geschlafen, wie wir in der Früh aufwachen, hat uns die ganze Nacht vom Theaterstück geträumt, ham wir das ganze Theaterstück im Bett gesehn, wissens wie uns das Geld gereut hat für die zwei Billetten, wir haben uns aber verschworen, dass wir nie mehr ins Gärtnertheater gehen, außer wir sind am Tag vorher im Bett gelegen.

Ein komischer Liebesbrief

LIEBER ...!

(Hier nennt der Vortragende seinen Vornamen.)

Mit weinenden Händen nehme ich den Federhalter in meine Hände und schreibe Dir. – Warum hast Du so lange nicht geschrieben? – wo Du doch neulich geschrieben hast, dass Du mir schreibst, wenn ich Dir nicht schreibe!! – – Mein Vater hat mir gestern auch geschrieben; er schreibt, dass er Dir geschrieben hätte. Du hast mir aber kein Wort davon geschrieben, dass Dir mein Vater geschrieben hat. – Hättest Du mir geschrieben, dass Dir mein Vater geschrieben hat, so hätte ich meinem Vater geschrieben, dass Du ihm schon schreiben hättest wollen, hättest aber leider keine Zeit gehabt zum Schreiben, sonst hättest Du ihm schon geschrieben.

Mit unserer Schreiberei ist es sehr traurig, weil Du mir auf kein einziges Schreiben, welches ich Dir geschrieben habe, geschrieben hast. – Wenn Du nicht schreiben könntest, wär es was anderes, dann tät ich Dir überhaupt nicht schreiben, weil dann die Schreiberei keinen Wert hätte, – *so kannst Du aber schreiben* und schreibst doch nicht, wenn ich Dir schreibe!

Ich schließe mein Schreiben und hoffe, dass Du mir nun endlich schreibst, sonst ist das mein letztes

Schreiben, welches ich Dir geschrieben habe. – – Solltest Du aber wieder nicht schreiben, so sage wenigstens dem Überbringer dieses Schreibens, wann und wo wir uns heute noch treffen. *(Vortragender übergibt den Brief wieder dem Überbringer mit den Worten:)* Sag'ns eine schöne Empfehlung von mir und ich wart ihr heut Nacht um 2 Uhr – Ecke Dachauerstraß und Isartorplatz.

(Vortragender bläst oder singt hierauf den letzten Ton seines Liedes und geht dann ab.)

Die Uhr von Löwe

Gestatten Sie, dass ich Ihnen ein schönes Lied vortrage, und zwar die Ballade »Die Uhr« von Löwe. Setze voraus, dass ich mich bei diesem Vortrage selbst begleite, weil ich mich, Gott sei Dank, selbst begleiten kann. Erst kurz habe ich mich selbst nach Hause begleitet, das hat zwar sehr dumm ausgesehen, wie ich so allein neben mir hergegangen bin, aber die Hauptsache ist, dass ich mich selbst begleiten kann. Da bin ich heute meinem Vater noch dankbar, dass er mich so streng musikalisch erzogen hat. Sie, der hat mich streng musikalisch erzogen! Als Kind habe ich nur mit der Stimmgabel essen dürfen, geschlagen hat mich mein Vater nach Noten. Die Uhr von Löwe. Sehen Sie, wie mir mein Vater das Gitarrespielen hat lernen lassen, hat er mir bei einem Tändler eine ganz alte Gitarre gekauft, auf der Gitarre war keine einzige Saite mehr drauf, also nicht einmal eine – aber mein Vater hat gesagt, zum Lernen ist die gut genug. Die Uhr von Löwe. Schicke voraus, dass dieser Löwe kein Uhrmacher war, sondern Komponist. Die Uhr von Löwe. Sehen Sie, weil wir gerade von einer Uhr reden, mein Uhrgroßvater lebt nämlich noch, und dem wurde vor kurzer Zeit seine Uhr gestohlen. Seit dieser Zeit ist er jetzt jünger, denn jetzt ist er nur noch »Großvater«. Die Uhr von Löwe. Ich hab auch einmal einen Verdruss gehabt mit einem Uhrmacher. Da hab ich mir bei einem Uhrmacher so eine moderne Taschenuhr gekauft. Mit dieser Uhr bin ich acht Tage herumgelaufen und hab nie gewusst, wie viel Uhr es ist, weil keine Zeiger und kein Zifferblatt auf der Uhr waren und das ist doch eigentlich die Hauptsache von einer Uhr. Und weil ich mich nicht ausgekannt habe mit dieser Uhr, habe ich die Uhr an die Wand hingeworfen, weil ich geglaubt habe, dass vielleicht eine Wanduhr daraus werden könnte, aber sie ist in tausend Scherben zerbrochen und unter diesen Scherben habe ich herausgefunden, dass ein Zifferblatt und ein Zeiger doch dabei waren, aber die müssen innen gewesen sein. Dann bin ich aber zu dem Uhrmacher gegangen und hab es ihm gesagt. Ja, sagt er, das glaub ich schon, da hätten sie bloß den Sprungdeckel aufmachen sollen. Die Uhr von Löwe. Auf diesen Uhrmacher habe ich heute noch einen Zorn, weil er mir das nicht gesagt hat von dem Sprungdeckel. Dann hab ich mir aus Rache eine wirkliche Wanduhr gekauft, so eine alte, mit langen Ketten zum Aufziehen. Das war so eine Arbeit, wie ich mit der Uhr das erste Mal spazieren ging, da sind mir immer die Gewichte zwischen die Füße gekommen und der Nagel hat mir weh getan.

Die Uhr von Löwe. Ich trage wo ich gehe stets eine Uhr bei mir, wie viel es ge – – –

Sehen Sie, wenn man es eigentlich richtig nimmt, passt dieses Lied gar nicht für Gitarre weil es heißt: ich trage wo ich gehe usw.; ich gehe aber jetzt nicht, ich stehe (oder sitze) jetzt, weil ich unterm Gitarrespielen nicht gehen kann, und dann hab ich keine Uhr, die hab ich versetzt.

Sehr geehrtes Auditorium, nachdem ich unterm Gitarrespielen nicht gehen kann und außerdem meine Uhr versetzt habe, ist es mir leider nicht möglich, Ihnen die Uhr von Löwe zum Vortrag zu bringen.

Der Weltuntergang

(Sehr schnell zu sprechen.)

Gestern nachmittags um 9 Uhr sitz ich im Restaurant »Zur verfaulten Blutorange« und weil ich am Tag vorher meine goldene Uhr zum Konditor trag'n hab, zum Reparieren, hab ich einen solchen Heißhunger kriegt, dass ich mir zwei Portionen Senftgefrorenes und an g'sott'nen Radi als Abendessen zum Frühstück bestellt hab. Nachdem ich aber Hausbesitzer bin und in jeder Wohnung eine wanzenreiche Familie hab, hab ich trotz meines 87-jährigen Halsleidens mit den Kindern von mei'm Nachbarn »Fürchtet ihr den weißen Mann« gespielt. Im selben Moment haute der Fotograf im Rückgebäude 's Fenster ein. I lass in der Angst an Zitherlehrer komma, und der gemeine Kerl von einer Kellnerin behaupt't, sie hätt im Eiskasten scho Feuer g'macht; währenddem mein jüngster Sohn sich mit dem Magneteisen d'Hühneraugen aus'm Ellbogen herauszieht, hab'ns in der Volksküche a Staudn Nisslsalat mit dem neuen Trambahntarif verwechselt, der Bürgermeister will im hintern Anhängewagen vom Telefonautomat einsteig'n, kann aber leider nicht schwimmen und stößt mit seiner Battikkrawatte a Loch in a neugebackene Schlagrahmtorte. In der Verwirrung führt der Turmwächter von St. Emeram einen Bismarckhering ins Hundebad, der Nürnberger Schnellzug is ins Nymphenburger Trambahngeleis neig'fahrn; sämtliche Droschkenkutscher von München sind zum Beichten ganga und wenn nicht zufälligerweis auf dem Wendelstein drob'n ein Schutzmann seinen Wecker ablaufen lässt, verlangt die Obsthausiererin für zwei Pfund Kinderhemden einen Freundschaftskuss. Trotz allen Bemühungen, auf der rechten Kuppel des Frauenkirchturmes ein Männerfreibad für Damen zu errichten, bleibt die Kanzlei vom Brunnenbuaberl vorläufig geschlossen, und auf allgemeinen Wunsch wird unter Kindern mit zehn Jahren die Zuchthausstraße auf lebenslänglich abgeschafft. Sollten dagegen die Münchner Schlittschuhläufer wegen dem eingetretenen Weißbrotmangel vor Ablauf vorigen Jahres ihre Schlittschuhe nicht doppeln lassen, so sind auf Kosten des Fremdenverkehrs starke, gewitterartige Niederschläge zu erwarten. Leider aber hat sich der Bürgermeister im Finstern verlaufen, weil am Zeppelin-Luftschiff keine Hausnummer dort war; er lässt unglücklicherweise die Türe auf und im Zeitraum von fünf Minuten sind ihm schon 40 Mitesser auskemma. Er läuft ihnen nach, stolpert mit die Gummischuh über der Frau ihre Giselafransen und schreit: »Wer will unter die Soldaten?« Alles war vergeben und vergessen, sei Frau hat ihre Krampfadern als Ringelnattern verkauft, die Köchin hat sich verlobt mit'm Papagei, der Hausherr hat sich mit de

Hypotheken gurgelt und in der Maikäferschachtel is die Maul- und Klauenseuche ausbrocha. »Wehe, wehe«, sprach der Oberlehrer von der Gasanstalt: »Richtet nicht, sonst werdet Ihr gerichtet«. Da öffneten sich die Wolken und mit blinzelnden Augen treten 18 Packträger hervor und verkündeten das Ende der Welt. Links und rechts stehen je vier goldene Jungfrauen mit Semmelbrösel bepappt und hielten ein vernickeltes Butterbrot in der Hand. Die Luft zitterte wie Schweinssulz, die Erde wühlte sich auf, die Vesuve speiten Honig und Sauerkraut. Nacht- und Tageulen, Junikäfer und Lämmergeier schwirrten gespensterhaft auf dem Fußboden umher, panikartig zerplatzte ein alter Leberkäs und am Ende des Vortrags trat plötzlich der Schluss ein.

Wie Karl Valentin das Schützenfest 1927 erlebte

Kaum war der Kanonendonner des Dreißigjährigen Krieges verhallt, begann die Schießerei von neuem. Diesmal auf der Theresienwiese. Die Nachbarschaft der Theresienwiese, also des Bavariarings, hatte sich schon sehr oft beschwert über den furchtbaren Lärm des Oktoberfestes. Nun kam gleich gar das Schützenfest mit der unaufhörlichen Knallerei. Unser Magistrat hatte aber vorgesorgt und hatte um das ganze

Schützenfest eine endlose Bretterwand geschlungen. Aber das Krachen der Büchsen klang trotzdem nach außen. Die Bretterwand war mindestens 35 Zentimeter zu nieder, oder die Schützen hätten leiser schießen müssen, eventuell mit Gummikügerl und Brausepulver. Das heurige Schützenfest wollte man eigentlich auf neunzehnhundert28 verschieben, wurde aber auf allgemeinen Wunsch in diesem Jahre abgehalten. Manche Tage wurde miserabel geschossen, was bei dem föhnartigen Wetter nicht überraschte, da jede abgeschossene Kugel vom Winde, wenn auch ganz minimal, doch etwas verweht wurde. Insgesamt wurde den Schützen der bittere Vorwurf gemacht, dass sich dieselben bei ihrer Ankunft in München, wie immer, zuerst nach dem Bierpreis, dann erst nach dem Pulverpreis erkundigten. – Ein Probeschießen wurde von der Festleitung unbedingt vorgeschlagen, ein Probesaufen dagegen fand man für vollständig überflüssig. Die Schützerei ist eine uralte Erfindung und stammt aus dem grauen Altertum. 89 000 Jahre vor Christi muss es schon Schützen gegeben haben, besonders in München, denn der Name Schützenstraße lässt unbedingt darauf schließen.

Von dem letzten Schützenzug im Jahre 18hundertweißichnichtmehrgenau ist mir Folgendes noch in Erinnerung: Ich und wir standen auf dem Marienplatz, ich war ein damaliger Knabe von ungefährlich 15 Jahren, und da mein Vater ein kleiner dicker Mann war und nicht über die Menschenmauer hinüber sah, nahm ich ihn auf meine Schulter und er sah nun bequem den fast dreistündigen Schützenfestzug an uns vorbeiziehen. Am Anfange des Zuges kamen zwei berittene Schutzengel zu Pferde (oder Schutzmänner, was man durch den lauten Lärm nicht gut sehen konnte), dann kam der Tölzer Schützenmarsch ebenfalls zu Pferde, dann Tausende von Schützen und zuletzt der Schützenkönig, dieser hatte einen großen schwarzen Schnurrbart und ebenso viele Orden, aus Gold und Silber, die alle an einer Schützenkönigkette hingen und im Winde lustig umherflattern wollten. Alle Menschen und Frauen schrien aus Leibeskräften »Glück auf«. Plötzlich verdunkelte sich das Firmament und der Himmel; und ein strömender Regen plätscherte hernieder. Die Schützen, die leider statt Regenschirme ihre Gewehre bei sich hatten, flüchteten bis auf die Haut durchnässt in die Häuser der Stadt, und vom ganzen Schützenzug war in einigen Minuten nichts mehr zu sehen, als die leere Straße. Die ganzen Menschenmassen stuben auseinander und gingen nach Hause. Auch ich. – Als ich heimkam, erschrak meine Mutter furchtbar, sie glaubte ich sei übergeschnappt, denn in der Panik hatte ich ganz darauf vergessen, dass mein Vater noch immer auf meinen Schultern saß. Ich hub ihn herunter und alles war wieder gut. Genau dasselbe passierte mir bei dem heurigen Schützenfest – – nicht mehr. Nach

Aussagen blödsinniger Schützenfestzuschauer soll der heurige Schützenzug mit dem heurigen deutschen Bundesschießen wenig Ähnlichkeit gehabt haben, denn die Dekoration des Festplatzes soll fast 300 Goldmark betragen haben, eventuell auch mehr. Vielen Münchnern ist es ein Rätsel, dass man das Schützenfest und die Ausstellung zugleich und direkt nebeneinander abgehalten hat. – Auf Anfrage wurde uns von dem Komitee darüber mitgeteilt, dass das von vornherein so beabsichtigt war, weil nach Beendigung des Schützenfestes das Defizit in der Ausstellung ausgestellt wird.

Und wer war an dem Defizit schuld? Nur das nasse Regenwetter und die schlechte Witterung. – Nun ist das Schützenfest vorüber, – vorbei, – es ist gewesen, – es ist nicht mehr, – es war erst kürzlich, – oder wie man sich hierüber ausdrücken mag. Die Vorbereitungen für das nächste Schützenfest sind bereits schon wieder in vollem Gange. Nach den jetzigen Voraussagen des amtlichen Wetterberichtes werden wir zum nächsten Schützenfest in München 1940 besseres Wetter bekommen, wenigstens die ersten Tage, die letzten acht Tage sollen wieder teilweise bewölkt und mit gewitterartigen Niederschlägen umsäumt sein. –

Im Jenseits

Ein Problem, das mich sehr interessiert, ist das Jenseits oder besser gesagt, ein Weiterleben nach dem Tode. Gedanken über das Jenseits kann man natürlich nur im Diesseits haben. Im Jenseits über das Diesseits nachzudenken ist schon zweifelhaft – vielleicht ausgeschlossen. Wenn der Mensch gestorben ist, ist er tot, – das ist sicher, also todsicher, wie man so sagt. Scheint es nur so, als wäre er tot, so ist er scheintot und kann in seltenen Fällen wieder lebendig werden und später noch mal sterben. Ist ein Mensch wirklich tot, so ist natürlich nur der Körper gemeint, denn die Seele lebt weiter, – aber diese ist unsichtbar, das ist wissenschaftlich einwandfrei bewiesen, da bei Röntgenaufnahmen, die alle inneren Organe des menschlichen Körpers zeigen, noch nie die Seele sichtbar gewesen ist. Die Seele flieht also unsichtbar aus dem menschlichen Körper. Aber wohin? Das wird die Seele schon selbst wissen. Ins Jenseits – und da entweder in den Himmel oder in die Hölle. Die Seele muss also allein wissen, wo sie hinflieht.

Nehmen wir zum Beispiel an, die Seele des verstorbenen braven Bäckermeisters Meier schwirrt ins Jenseits. Dem Herrn Meier ist seine liebe, unvergessliche Frau vor vielen Jahren im Tode schon vorausgegangen, befindet sich also schon im Jenseits. Im

Diesseits heißt es aber wie bekannt: Im Jenseits gibt's ein Wiedersehen. Wie kann nun die im Jenseits angekommene unsichtbare Seele des verstorbenen Herrn Meier die ebenfalls unsichtbare Seele der schon im Jenseits umherfliegenden Frau wiedersehen? Nun, sei es wie es sei. Diese beiden wollten sich ja wiedersehen.

Wie ist es aber mit der Kehrseite? Hat einer eine böse Schwiegermutter, so ein Ehemann getraut sich ja gar nicht zu sterben, aus Angst vor einem Wiedersehen im Jenseits. Sein einziger Trost ist vielleicht der, dass die böse Schwiegermutter nicht in den Himmel kommt, sondern in die Hölle. Überhaupt, wenn man mit all denen, die man im Diesseits schon nicht riechen kann, im Jenseits wieder zusammenkommen sollte, ist das allein schon ein schrecklicher Gedanke. Man denke an große Persönlichkeiten, so zum Beispiel an Karl den Großen mit Napoleon – die Päpste mit Dr. Martin Luther usw. oder an die Kollegen im Berufsleben. Besonders vom Theater! Droben im Jenseits gibt es keinen Hass und Neid, das hält doch die Seele eines Kollegen nie aus!

Nun machen sich aber viele Menschen wieder ein anderes Bild vom Jenseitshimmel. Die Engel! Wo kommen denn die her? Die sind doch nicht unsichtbar, die haben goldenes Lockenhaar, haben zwei große Flügel und sind nackend, wenigstens die kleineren, die Amoretteln. Die Engel waren aber doch früher auch einmal Menschen, deren Seelen ins Jenseits geflüchtet sind. Dort haben sie Flügel bekommen. Das wird aber nur die weiblichen Wesen betreffen, vom ersten bis dreißigsten Lebensjahr. Ich könnte mir nämlich den oben benannten Herrn Bäckermeister Meier nicht so himmlisch vorstellen, wenn er nackend mit zwei großen Flügeln in den Wolken herumflattert – dann lieber unsichtbar! Die Meinungen gehen also hier sehr auseinander. Nun hat aber dieses angenommene Weiterleben nach dem Tode noch eine andere Seite. Auf Erden lebt der Mensch durchschnittlich 60 bis 70 Jahre. Das Leben ist aber mannigfaltig und bringt durch Arbeit, Freude, Sorgen und Leid usw. Abwechslung in die Bude. Wie ist das nun im Jenseits? Hier besteht keine Altersgrenze, sondern Ewigkeit. Also in Ewigkeit nur im Jenseits umherfliegen und als einzige Beschäftigung, wie uns aus der Bibel bekannt, nur Hosianna singen, das kann die ersten acht Tage ganz unterhaltlich sein, aber, man denke sich das ewig – das muss unbedingt langweilig werden.

Nun steht wieder eine Frage offen: Werden die Seelen oder die Engel im Jenseits auch älter, so wie dies im Diesseits der Fall ist? Wenn ja, dann muss also der erste Mensch, der selige Adam, der 7000 Jahre alt geworden ist, der erste Mensch gewesen sein, der im Paradies bei der Eröffnung des Jenseits Zutritt hatte. Der erste Mensch, der im Jenseits angekommen ist, kann aber der Adam doch nicht gewesen sein, da ihm seinerzeit der heilige Petrus mit dem Himmelsschlüssel die Pforte zum Jenseits geöffnet hat. Demzufolge muss der Petrus schon vor dem Adam im Jenseits gewesen sein. Er war sozusagen der himmlische Hausmeister, der heute noch auf seinem Posten steht und keinen hineinlässt, der im Diesseits böse war. Und doch stimmt das auch nicht! Petrus lebte doch erst lange Zeit nach der Paradiesgeschichte als Apostel auf der Welt, wurde später heiliggesprochen und nach seinem Tode kam er erst ins Jenseits. Der Adam kam also anscheinend ohne Kontrolle ins Jenseits, weil eben der Petrus noch gar nicht da war. Weiter nachgedacht, kann aber Petrus nicht als Seele allein die Welt verlassen haben, denn die unsichtbare Seele kann doch keinen Schlüssel in die Hand nehmen, und wo kommt denn der Schlüssel her? Im Gegensatz zu allen anderen Jenseitsbewohnern, die müßig umherfliegen, wird dem Petrus als einzigem nicht langweilig werden, denn viele Jahrtausende das Himmelstor auf- und zusperren ist ausreichende Beschäftigung.

Wenn Wissenschaftler befragt werden um obige Angelegenheit des Weiterlebens, so ändert sich die Sache wiederum. Diese behaupten nämlich, dass es schon seit vielen Millionen von Jahren Menschen gibt, die inzwischen längst gestorben sind und jetzt das Jenseits bevölkern. Wie viel unzählige Trillionen Seelen im Jenseits schon weiterleben, ist niemals zu bemessen. Dabei geht das immer so weiter in aller Ewigkeit oder wenigstens so lange, als die Welt besteht. Es ist ein ewiges Kommen und Gehen und Seligwerden – also ein Fortleben nach dem Tode. Aber warum sollen wir Menschen uns darüber den Kopf zerbrechen. Wir werden es niemals ergründen. Aber, dass ein Mensch, der bereits das Diesseits verlassen hat, nicht nur im Jenseits, sondern auch im Diesseits und nicht nur seelisch, sondern genau wie er gelebt hat, weiterlebt, habe ich erst im Kino in einem älteren Film gesehen, in welchem ein vor Jahren verstorbener Filmschauspieler seine Rolle heute noch spielt. Es gibt also in unserer Gegenwart zwei Weiterleben nach dem Tode: Eines im Jenseits, und eines im – – Kino.

IV Dialoge

Bei Schaja

VERK. Sie wünschen?
VAL. Eine Leika.
VERK. Zurzeit haben wir leider keine da.
VAL. Wann bekommen Sie wieder welche?
VERK. Schauen Sie in vierzehn Tagen wieder her.
VAL. Her schauen? Ich seh so schlecht! Außerdem wohne ich in Planegg, 15 Kilometer von München entfernt, und so weit sehe ich nicht!
VERK. Ich meine, kommen Sie in vierzehn Tagen wieder her!
VAL. Kommen ja. Und da haben Sie Leikas bekommen?
VERK. Vielleicht!
VAL. Vielleicht? Ich kann ja auch nicht »vielleicht« kommen, ich komme bestimmt.
VERK. Bestimmt? Ich kann natürlich nicht garantieren, ob in vierzehn Tagen bestimmt Leikas eingetroffen sind.
VAL. Dann ist es auch nicht nötig, dass ich in vierzehn Tagen kommen soll.
VERK. Sie können ja auch später kommen.
VAL. Um wie viel Uhr?
VERK. Ich meine – acht Tage später kommen.

Anzeige für das Münchner Fotogeschäft Schaja, 1940

VAL. Also in drei Wochen?
VERK. Ja! Sie können ja auch früher kommen.
VAL. Wer? Ich –?
VERK. Nein – die Leikas.
VAL. Und ich erst in drei Wochen?
VERK. Nein! Wenn die Leikas früher eintreffen, dann können Sie früher eine haben, wenn wir welche haben.
VAL. Wenn ich aber auch früher komme und Sie haben noch keine, soll ich dann etwas später kommen?

VERK. Selbstverständlich.

VAL. Wann?

VERK. Das ist unbestimmt.

VAL. Und wann wäre es dann bestimmt?

VERK. Sobald welche da sind.

VAL. Momentan haben Sie also keine da?

VERK. Nein!

VAL. Am liebsten wäre es mir, ich hätte jetzt gleich eine haben können, dann bräucht ich überhaupt nicht mehr zu kommen.

VERK. Das wäre mir auch das Liebste, wenn Sie nicht mehr kommen würden.

VAL. Ich soll nicht mehr kommen?

VERK. Freilich können Sie kommen, aber doch erst, wenn wir wieder Leikas haben.

VAL. Und wann haben Sie welche?

VERK. Ich sagte Ihnen ja schon, schauen Sie in vierzehn Tagen wieder her!

VAL. Her schauen? Ich seh so schlecht! Außerdem wohne ich in Planegg, 15Kilometer von München entfernt, und so weit sehe ich nicht!

– – – Und so weiter und so fort – – –!

Ein Interview mit Karl Valentin

Geschrieben am 26. September 1945

Sie hören heute ein Gespräch (Interview) zwischen unserem Funkreporter und Karl Valentin.

ANS. Wir danken Ihnen Herr Valentin im Voraus, dass Sie unserer Einladung Folge geleistet haben und wir bitten Sie uns einiges über Ihr Leben und Treiben zu erzählen zum Beispiel Ihrer Jugendzeit, Ihrer Geburt.

VAL. Geboren wurde ich im Jahre 1881.

ANS. Also 1881 ist Ihr Geburtsjahr.

VAL. Nein, da war ich noch nicht da, denn ich bin erst ein Jahr später auf die Welt gekommen.

ANS. Also 1882.

VAL. Ganz richtig.

ANS. Was hatten Sie gleich nach der Geburt für einen Eindruck von der Welt.

VAL. Als ich die Hebamme sah, die mich empfing, war ich sprachlos. – Ich habe diese Frau in meinem ganzen Leben noch nicht gesehen.

ANS. Waren Sie das einzige Kind Ihrer Eltern?

VAL. Nein – wir waren fast mehrere, ich hatte neben meinen Eltern auch noch Geschwister.

ANS. Wie viel, wenn ich Sie fragen darf?

VAL. Eine riesige Menge – wir waren drei Brüder und fünf Geschwister – wenn ich meine Mutter und meinen Vater dazurechne, waren wir zehn Stück Personen.

ANS. Wo sind Sie geboren, sind Sie in München geboren?

VAL. Nein, in der Sonnenstraße, im Postscheckamt.

ANS. Wie – im Postscheckamt – das ist doch ein Witz?

VAL. Nein, nein – das Postscheckamt war 1882 das Gebärhaus, in welchem ständig geboren wurde.

ANS. Waren Sie mit der Herstellung (Verzeihung ich korrigiere) mit der Erziehung Ihrer Eltern zufrieden?

VAL. Ach Gott, was heißt Herstellung (Verzeihung ich korrigiere ebenfalls) Erziehung. Man wächst eben so heran – das ist ein Naturgesetz, denn wenn man nicht wächst, wird man ja ein Liliputaner – darauf hatte keine Lust. Ein Liliputaner wollte ich nicht werden, ich wollte Frauenarzt werden, wollte viel sehen in der Welt.

ANS. Wie sind Sie denn eigentlich zu Ihrem Beruf gekommen? Sie sind doch Komiker.

VAL. Ich habe immer dummes Zeug geschwätzt und da meinte mein Vater, ich müsste eigentlich Komiker werden.

ANS. Nach Ansicht Ihres Vaters müsste es aber dann viele Komiker geben. Was sagen Sie eigentlich zur jetzigen Lage Herr Valentin – zur Besetzung Deutschlands?

VAL. Da ist mir vieles noch nicht klar. Besonders das Wort »besetzt«.

Valentin als Volksredner

ANS. Wieso?

VAL. Besetzt kommt vom sitzen – ich sitze – ich besitze – ich bin im Besitz. – Sitzen zum Beispiel zwei Freunde beisammen, plötzlich streiten sie mitsammen, jeder setzt sich wo anders hin, so ist das eine Auseinandersetzung – aus Freunde wurden Feinde. – Aber nicht bloß Menschen und Tiere können sich setzen, sondern auch Schriften, denn es gibt auch Schriftsetzereien.

ANS. Aber für das Wort »besetzt« könnte ich mir kein anderes Wort denken.

VAL. Doch »Platz genommen«. Man sagt doch bei einer Einladung auch zum Beispiel »Bitte nehmen Sie Platz«.

ANS. Richtig – das geht im Zivilleben, aber Deutschland hätte doch nicht zu den Alliierten sagen können: »Bitte nehmen Sie Platz, machen Sie sich's bequem, tun Sie so als wenn Sie zu Hause wären.«

VAL. Das Wörtchen »bitte« wäre ja im letzteren Falle nicht notwendig gewesen, denn die Alliierten hätten auch ohne Bitte Platz genommen.

ANS. Das haben sie ja auch getan und haben dann Europa besetzt.

VAL. Ja und gerade über dieses Wort »besetzt« machen sich viele, so auch ich – Gedanken – wie im Großen so auch im Kleinen. Sitzt zum Beispiel jemand in einem kleinen Raum und ein anderer, dem es pressiert, will auch schnell in den kleinen Raum hinein, so schreit der drinnen raus »besetzt«. – Der heraus Wartende weiß nun, dass er so lange warten muss, bis der drinnen den Raum wieder verlässt, dann erst kann der andere hinein.

ANS. Mit dem kleinen Raum meinen Sie natürlich –

VAL. Ja, ja WC. In einem solch kleinen Raum dauert natürlich so eine Besetzung normal fünf bis zehn Minuten. Ist diese Zeit überschritten, wird der Wartende ungeduldig und schreit hinein, wie lange bleibt denn der Raum noch besetzt – würde der drinnen herausschreien zehn bis zwanzig Jahre so würde der heraus Wartende hineinschreien so lange kann ich nicht warten.

ANS. Wie ist das nun mit der Besetzung eines großen Raumes sagen wir die Besetzung Deutschlands.

VAL. Da kann man schwer einen Vergleich ziehen. Erstens sitzt die Besatzung nicht – zum größten Teil fährt dieselbe mit Autos, was bei der Besetzung des kleinen Raumes WC technisch nicht möglich ist.

ANS. Eine weitere Frage Herr Valentin – wie ist Ihr Gesundheitszustand?

VAL. Könnte besser sein. – Zurzeit leide ich, wie die meisten Menschen an Mageneinschrumpfung, aber ich lasse meinen Magen ruhig einschrumpfen, denn für unsere knappe Nahrungsmittelversorgung ist eine Magenschrumpfung von großem Vorteil. Der Magen wird ganz klein, es geht nicht mehr viel hinein – und so soll es ja sein.

ANS. Wie steht es mit der Zukunft Herr Valentin? Gedenken Sie wieder in München persönlich aufzutreten?

VAL. Ja.

ANS. Das ist aber erfreulich, da werden viele Münchner sich an Ihren lustigen Darbietungen erfreuen.

VAL. Das wäre aber pietätlos von den Münchnern.

ANS. Wieso?

VAL. Ich habe die Militärregierung um Genehmigung einer Freilichtbühne gebeten, mitten auf dem Marienplatz.

ANS. Und was wollen Sie da zur Aufführung bringen?

VAL. Ein Trauerspiel – – – »Sodomma und Gomorha«. Die Kulissen rings um die Freilichtbühne haben wir bereits.

Kriege

1945

[...]

K. Ja, Herr Huber, wenn ich richtig verstanden hab, dann sind also Adam und Eva die Erfinder des Krieges.

V. Eigentlich ja. – Jetzt mir wär's lieber, Sie hätten an Frieden erfunden.

K. Vielleicht war den beiden der Friede zu langweilig?

V. Also, dann Krieg. – – Das war natürlich nur ein winziger Krieg gegen die später Kommenden.

K. Ganz richtig. – Ja, ja, dös is so was ...
V. Die zwei ham sich damals wahrscheinlich nur mit Kokosnüssen beworfen.
K. Mit Kokosnüss? – Schad um die guten Kokosnüss.
[...]

Die Fremden

PROFESSOR. So! – Wir haben also in der letzten Unterrichtsstunde über die Filzpantoffel gesprochen und behandeln heute das Hemd. Wer von euch weiß zufällig einen Reim auf »Hemd«?
VALENTIN. Auf Hemd reimt sich »fremd«.
PROF. Sehr gut! Und wie heißt die Mehrzahl von »fremd«?
VAL. Die Fremden.
PROF. Jawohl, die Fremden. – Und aus was bestehen die Fremden?
VAL. Aus »fremd« und aus »den«.
PROF. Sehr gut! – – Und was ist ein »Fremder«?
VAL. Fleisch – Gemüse – Mehlspeisen – Obst usw.
PROF. Nein! – Nein! – Nicht was er isst, sondern was er tut.
VAL. Er reist ab.
PROF. Sehr richtig! – Er kommt aber auch an – und ist dann ein Fremder. – Bleibt er dann für immer ein Fremder?

VAL. Nein! – Ein Fremder bleibt nicht immer ein Fremder.

PROF. Wieso?

VAL. Fremd ist der Fremde mir in der Fremde.

PROF. Das ist nicht unrichtig. – Und warum fühlt sich ein Fremder nur in der Fremde fremd?

VAL. Weil jeder Fremde, der sich fremd fühlt, ein Fremder ist, und zwar so lange, bis er sich nicht mehr fremd fühlt – dann ist er kein Fremder mehr.

PROF. Ausgezeichnet! – Wenn aber ein Fremder schon lange in der Fremde ist, – ist das dann auch ein Fremder? Oder ist das ein Nichtmehrfremder?

VAL. Jawohl, das ist ein Nichtmehrfremder; aber es kann diesem Nichtmehrfremden – unbewusst – doch noch einiges fremd sein.

PROF. Was zum Beispiel?

VAL. Den meisten Münchnern zum Beispiel ist das Hofbräuhaus nicht fremd – hingegen ihnen die meisten Museen fremd sind.

PROF. Sehr richtig! – Dann kann also der Einheimische in seiner eigenen Vaterstadt zugleich noch ein Fremder sein. – Es gibt aber auch Fremde unter Fremden! Wie verstehen Sie das?

VAL. Fremde unter Fremden sind – so wie ich mir das vorstelle –, wenn Fremde mit dem Zug über eine Brücke fahren und ein anderer Eisenbahnzug mit Fremden unter derselben durchfährt, so sind die durchfahrenden Fremden – Fremde unter Fremden, was Sie, Herr Professor, wahrscheinlich nicht so schnell begreifen werden.

PROF. Leicht fällt es mir nicht! Aber nun wieder zum Thema. – Und was sind »Einheimische«?

VAL. Einheimische sind das Gegenteil von Fremde. Aber dem Einheimischen sind die fremdesten Fremden nicht fremd, – er kennt zwar den Fremden persönlich nicht, merkt aber sofort, dass es sich um einen Fremden handelt, bzw. um Fremde handelt; zumal, wenn diese Fremden in einem Fremdenomnibus durch die Stadt fahren.

PROF. Wie ist es nun, wenn ein Fremder von einem Fremden eine Auskunft will?

VAL. Sehr einfach. – Frägt ein Fremder in einer fremden Stadt einen Fremden um irgendetwas, was ihm fremd ist, so sagt der Fremde zu dem Fremden: »Das ist mir leider fremd, ich bin hier nämlich selber fremd.«

PROF. Das Gegenteil von fremd ist bekannt. Ist Ihnen das klar?

VAL. Eigentlich ja! Denn, wenn zum Beispiel ein Fremder einen Bekannten hat, so muss ihm dieser Bekannte zuerst fremd gewesen sein, – aber durch das gegenseitige Bekanntwerden sind sich die beiden nicht mehr fremd. Wenn aber diese beiden Bekannten zusammen in eine fremde Stadt reisen, so sind diese zwei Bekannten dort für die Einheimischen wieder Fremde geworden. – Sollten sich diese beiden Bekannten hundert Jahre in dieser fremden Stadt aufhalten, so sind sie auch dort den Einheimischen nicht mehr fremd.

Bald kommt der Friede

München November 1943

MANN *zur Frau.* Glaube mir, ich weiß es bestimmt bald wird der Friede kommen.

FRAU. Jawohl – ausgerechnet du weißt es, wann der Friede kommt.

MANN. Ja der kommt sicher.

FRAU. Freilich muss er einmal kommen, – aber wann.

MANN. Bald!

FRAU. Bald! – Das kann noch jahrelang dauern.

MANN. Jahrelang? – Alle Augenblick kann er da sein.

FRAU. Du spinnst!

MANN. Möglich – deshalb kommt er doch.

FRAU. Das weiß niemand, am allerwenigsten du.

MANN. Doch – bald ist der Friede da.

FRAU. Wenn ich das unserer Milchfrau erzählen würde, die verbreitet solche Gerüchte mit Vorliebe an Ihre Kundschaft, und in acht Tagen weiß es die ganze Stadt.

MANN. Das kann die Milchfrau ruhig weitererzählen, wahre Gerüchte können ruhig weitererzählt werden, nur wird es in acht Tagen zu spät, weil der Friede inzwischen schon gekommen ist.

FRAU. Gut! – Ich werde dein Geschwätz weitererzählen, auf deine Verantwortung.

MANN. Das kannst du machen, aber die Leute werden wenig Interesse haben.

FRAU. Na, du hast aber sonderbare Ansichten. Millionen Menschen hegen heute nur den einen Wunsch: Wann kommt der Friede?

MANN. Zu Millionen von Menschen wird der Friede nicht kommen, das ist ein Ding der Unmöglichkeit.

FRAU. Ja du bist ja übergeschnappt.

MANN. Was hat das mit der Übergeschnapptheit zu tun? Jetzt kommt er.

(Es klingelt an der Wohnungstüre.)

FRAU. Wer kommt?

MANN. Der Friede!

FRAU. Du bist irrsinnig geworden, ich hole den Arzt.

(Fremder Herr tritt ein.)

MANN *zur Frau.* Darf ich dir vorstellen – mein Freund: Paul Friede!

FRAU. Sehr angenehm!

(Siehe Münchner Adressbuch 1942 Seite 154.)

Sendung am 3. Juni 1942

1. Mai 1942

[…]

VALENTIN. Ja, über meinen Geburtstag weiß ich sehr wenig; – was mir halt meine selige Mutter erzählt hat. Ich persönlich kann mich nicht mehr erinnern. Das ist schon zu lange her! Von der ersten Erblickung der Welt weiß ich gar nichts. Dass ich sofort die Welt erblickt habe, ist nicht gut möglich – höchstens das Geburtszimmer. Ich weiß auch nicht mehr wie die Hebamme ausg'schaut hat; ob das a ältere Frau war oder eine jüngere Dame, weiß ich auch nicht mehr. Frau Meier hat sie glaube ich geheißen.

[…]

Die Handtasche

11. Februar 1941

VERKÄUFERIN. Sie wünschen, mein Herr?

VALENTIN. Meine Frau hat Geburtstag und da möchte ich ihr gern eine schöne Handtasche kaufen.

VERK. Einen Moment – – das hier wären sehr schöne Taschen!

VAL. Etwas Schöneres! – Haben Sie keine schönere?

VERK. Doch, ich habe eine schöne, wollen Sie's sehen?

VAL. Aber mein Fräulein, welcher Herr würde ein solches Angebot ablehnen!

VERK. Bitte hier! Sehn Sie, die schließt sehr schön! *(schnappt)*

VAL. So eine hat meine Frau auch. Die von meiner Frau schließt natürlich nicht mehr so gut. Durch den vielen Gebrauch nützt sich ja so was ab.

VERK. Ich hab auch eine mit Pelzbesatz.

VAL. Meine Frau auch.

VERK. Das hier wär was Apartes – riechen Sie mal dran!

VAL. Bitte, was soll ich?

VERK. Sie sollen mal dran riechen *(schnüffeln)* – – echtes Juchtenleder!

VAL. Die von meiner Frau riecht ja auch – – aber auf Gerüche leg ich wenig Wert. Die Hauptsache ist was zum Strapazieren!

VERK. Hätten Sie lieber etwas in schwarz?

VAL. Danke – – meine Frau hat ja eine schwarze.

VERK. Dann tut's mir leid – – hat der Herr sonst einen Wunsch?

VAL. Ja – – haben Sie Regenschirme? Aber nicht zu teuer, denn ich lasse ihn ja doch wieder irgendwo stehen.

VERK. Aber mein Herr, Sie sind doch nicht der alte zerstreute Professor, der überall seinen Schirm stehen lässt.

VAL. Die Jungen lassen ihn öfters stehen als die Alten.

VERK. Das hier wäre ein schöner Regenschirm, den können Sie niemals mehr stehen lassen, weil Sie denselben an dem gebogenen Griff aufhängen können.

VAL. Das ist immer dasselbe, ob ich ihn stehen oder hängen lasse.

VERK. Ich kann ihn weder hängen noch stehen lassen, weil ich nie einen Regenschirm trage. Will der Herr also den Schirm mit dem gebogenen Griff nehmen?

VAL. Nein – gefällt mir nicht! Und dann regnet es ja heute gar nicht. Was haben Sie denn für eine Auswahl in Herrenhüten?

VERK. Möchten Sie sich bitte mit mir zur Abteilung fünf bemühen? Soll es so eine Form sein, wie Sie schon haben?

VAL. Nein – nicht so ein schlapper – ich möchte einmal einen steifen.

VERK. Steife sind aber gegenwärtig nicht so beliebt wie schlappe.

VAL. Ich möchte aber lieber einen steifen.

VERK. Hier bitte – darf ich probieren?

VAL. Bitte.

VERK. Sie haben Recht – der steht Ihnen sehr gut – – besser wie ein weicher.

VAL. Meiner Frau gefällt auch ein steifer besser.

VERK. Und ist eine gute Qualität. Allerdings nach

längerer Benützung verliert er ja die Steifheit und wird von selber weich – – 15 Mark – die Kasse ist nebenan. Auf Wiedersehen, mein Herr!

Historisches

1940

V. Ja, ja! Herr Mittelholzer, ich weiß alles, was in der Welt vorgegangen ist, denn ich bin ja Historiker. – Morgen Mittag ¾ 12 Uhr sind es zum Beispiel 200 Jahre her, dass der fromme Schwäbbermann von der Neuhauserstraße, zusammen mit seinem Freund Columbus den Malzkaffee entdeckte.

K. So lang ist das schon wieder her!

V. Lange vorher schon, als König Herodes in einer Wirtschaft dem Grafen Zeppelin zeigte, wie man ein Ei auf die Spitze stellt, kam der Stein ins Rollen.

K. Ja, das stimmt, das soll fast wahr gewesen sein!

V. Einige Wochen später sah sich nun König Barbarossa genötigt, der Hochzeit zwischen der Jungfrau Schneewittchen und dem Bergwerksbesitzer Herrn Josef Rübezahl beizuwohnen.

K. So, der hat beizuwohnen wollen.

V. Aber das Hochzeitsmahl wurde jäh unterbrochen durch plötzliche Vorbereitungen zum Dreißigjährigen Kriege.

K. Das kann man sich denken.

V. Allein schon die Tatsache, dass die feierliche Eröffnung der Zugspitzbahn auf einen Tag vorher verschoben werden musste, brachte unter die Zuschauer des großen Fußball-Länderspieles große Bestürzung.

K. Das war vorauszusehen!

V. Pfarrer Kneipp, der sich damals zu einer Kaltwasserkur nach Wörishofen begab, um dort Heilung zu finden, die er auch fand, arbeitete damals schon an den Plänen des Walchenseeprojektes.

K. Dös hab ich der Frau Eisele, unserer Nachbarin, auch erzählt, und die hat g'sagt, das wären nur Gerüchte.

V. Napoleon Bonaparte, der sich mit seinem Schulkameraden Negus von Abessinien während einer Verdunkelungsübung den Boxkampf des Weltmeisters Nurmi anhörte, ließ sich von Professor Piccard mit den neu erfundenen Todesstrahlen impfen und hatte es faustdick hinter den Ohren.

K. Das glaub ich auch, denn so ein Mann hat doch Erfahrung!

V. Dem Edison sein Sohn, der bei einem Kameradschaftsabend im Beisein von Andreas Hofer im Restaurant zum Fünfwaldstätter-See einen Vortrag hielt über den letzten Stratosphärenflug des Motorfahrers Max Schmeling, wurde vom Prälat des oberbayrischen Hopfenzupfer-Syndikats der Nobelpreis für Fingernägelbeißen verliehen.

K. Das kann man dem Edison seinem Sohn nicht genug danken!

V. Wenn man nun eine Parallele zieht zwischen den Befreiungskriegen und dem Fortschritt der Farbenfotografie, so verknüpft sich in einem selbst der Gedanke an Maria Stuart, als sie auf der Ruine von Karthago stehend, ausrufte: »Ist denn kein Stuhl da für meine Hulda?«

K. Das hat der Herr Hepperdepernepi auch immer g'sungen!

V. Da stiftete nun zum Trotz Kaiser Nero zur Einweihung des Wittelsbacher Brunnens zehn Hektoliter Mangfallwasser.

K. Sehn Sie, das sind Wohltäter der Menschheit!

V. Das ärgerte den alten Diogenes so, dass er sein Fass verkaufte und mit dem Lohengrin seinem Schwan auf dem Rhein vor dem Loreleyfelsen vorbeifuhr und zur Loreley hinaufschrie: »Ich weiß nicht, was soll das bedeuten!«

K. Genau so geht's mir auch; zu allem diesen Mist, den Sie mir da jetzt grad erzählt haben, kann ich auch nur sagen: »Ich hab keine Ahnung, was das bedeuten soll!«

Telefon-Schmerzen
[Buchbinder Wanninger]

1940

Handlung: (Der Buchbindermeister Wanninger hat auf Bestellung der Baufirma Meisel & Co., zwölf Bücher frisch eingebunden und bevor er dieselben liefert, frägt er telefonisch an, wohin er die Bücher bringen soll und ob und wann er die Rechnung einkassieren darf. Er geht in seiner Werkstätte ans Telefon und wählt eine Nummer, wobei man das Geräusch der Wählerscheibe hört.)
Nachdem der Anschluss hergestellt ist:

BAUFIRMA MEISEL, PORTIER. Hier Baufirma Meisel & Co.

BUCHBD. MEISTER. Hier ist Buchbinder Wanninger. Ich möchte nur der Fa. Meisel mitteilen, dass ich die Bücher fertig habe und ob ich die Bücher hinschicken soll und ob ich die Rechnung auch mitschicken soll – bitte!

PORTIER. Einen Moment!

SEKRETARIAT. Hier Meisel & Co., Sekretariat!

BUCHBD. MEISTER Hier ist Buchbinder Wanninger. Ich möchte Ihnen nur mitteilen, dass ich die Bücher fertig habe und ob ich die Bücher hinschicken soll und ob ich die Rechnung auch mitschicken soll – bitte!

SEKRETARIAT. Einen Moment, bitte!

DIREKTION. Direktion der Fa. Meisel & Co. hier!

BUCHBD. MEISTER Hier ist Buchbinder Wanninger. Ich möchte der Fa. Meisel nur mitteilen, dass ich die Bücher fertig habe und ob ich die Bücher hinschicken soll und ob ich die Rechnung auch mitschicken soll – bitte!

DIREKTION. Ich verbinde Sie mit der Verwaltung, einen Moment mal!

VERWALTUNG. Hier Baufirma Meisel & Co., Verwaltung!

BUCHBD. MEISTER. Hier ist Buchbinder Wanninger. Ich möchte Ihnen nur mitteilen, dass ich die Bücher fertig habe und ob ich die Bücher hinschicken soll und ob ich die Rechnung auch mitschicken soll – bitte!

VERWALTUNG. Rufen Sie doch bitte Nebenstelle 33 an. Sie können gleich weiterwählen. – *(Geräusch der Wählscheibe)*

NEBENSTELLE 33. Hier Baufirma Meisel & Co.

BUCHBD. MEISTER. Hier ist Buchbinder Wanninger. Ich möchte der Fa. Meisel mitteilen, dass ich die Bücher fertig habe und ob ich die Bücher hinschicken soll und ob ich die Rechnung auch mitschicken soll – bitte!

NEBENSTELLE 33. Einen Moment mal! Ich verbinde Sie mit Herrn Ingenieur Plaschek.

ING. [PLASCHEK]. Hier Ingenieur [Plaschek]!

BUCHBD. MEISTER. Hier ist Buchbinder Wanninger. Ich möchte nur dem Herrn Ingenieur mitteilen, dass ich die Bücher fertig habe und ob ich die Bücher hinschicken soll und ob ich die Rechnung auch mitschicken soll – bitte!

ING. [PLASCHEK]. Da weiß ich nichts davon. Fragen Sie doch mal bei Herrn Architekt Klotz an. Einen Moment mal!

ARCHIT. KLOTZ. Hier Architekt Klotz!

BUCHBD. MEISTER Hier ist Buchbinder Wanninger. Ich möchte nur dem Herrn Architekt mitteilen, dass ich die Bücher fertig habe und ob ich die Bücher hinschicken soll und ob ich die Rechnung auch mitschicken soll – bitte!

ARCHIT. KLOTZ. Da fragen Sie am besten Herrn Direktor selbst. Er ist jetzt nicht in der Fabrik. Ich verbinde Sie gleich mit der Wohnung.

WOHNUNG Hier Direktor Hartmann!

BUCHBD. MEISTER. Hier ist Buchbinder Wanninger. Ich möchte dem Herrn Direktor nur mitteilen, dass ich die Bücher fertig habe und ob ich die Bücher hinschicken soll und ob ich die Rechnung auch mitschicken soll – bitte, Herr Direktor!

WOHNUNG, DIR. Ich kümmere mich nicht um diese Sachen. Vielleicht weiß die Abteilung III Bescheid; ich schalte in die Firma zurück.

ABTLG. III. Baufirma Meisel, Abteilung III.

BUCHBD. MEISTER. Hier ist Buchbinder Wanninger. Ich möchte nur der Fa. Meisel mitteilen, dass ich die Bücher fertig habe und ob ich die Bücher hinschicken soll und ob ich die Rechnung auch mitschicken soll – bitte.

ABTLG. III. Einen Moment bitte, ich verbinde mit der Buchhaltung.

BUCHHALTUNG. Fa. Meisel & Co., Buchhaltung!

BUCHBD. MEISTER. Hier ist Buchbinder Wanninger. Ich möchte nur der Fa. Meisel mitteilen, dass ich die Bücher fertig habe und ob ich die Bücher hinschicken soll und ob ich die Rechnung auch mitschicken soll – bitte!

BUCHHALTUNG. So, sind die Bücher endlich fertig – hören Sie zu, dann können Sie ja dieselben – Rufen Sie bitte morgen wieder an, wir haben jetzt Büroschluss!

BUCHBD. MEISTER. Jawohl – danke – entschuldigen Sie vielmals bitte.

Beim Zahnarzt

1940

ZAHNARZT. Der Nächste bitte!

PATIENT. Grüß Gott, Herr Doktor!

ZAHNARZT. Nun, was haben Sie für Schmerzen?

PATIENT. Ja, Zahnschmerzen, Herr Doktor; von vorgestern bis heute hab ich acht Nächte nicht mehr g'schlafen vor lauter Zahnweh; ich hab nämlich da hinten einen hohlen Zahn.

ZAHNARZT. Aha!

PATIENT. Und wie einem ein hohler Zahn wehtun kann, das ist mir unbegreiflich; denn wenn etwas hohl ist, dann ist doch nichts mehr drin und wie einem das »nix« wehtun kann, kann ich mir nicht erklären; da müssten doch so viele Menschen auf der Welt fortwährend Kopfweh haben!

ZAHNARZT. Da haben Sie nicht ganz Unrecht.

PATIENT. Mei Mutter hat auch an derselben Stelle an hohlen Zahn g'habt; meinen Sie, Herr Doktor, dass ich vielleicht den hohlen Zahn von meiner Mutter geerbt hab?

ZAHNARZT. Das weiß ich nicht, denn ich habe Ihre Mutter nicht gekannt. – So, nehmen Sie bitte in diesem Sessel hier Platz!

PATIENT. *(mit zitternder Stimme).* Ich bin so frei!

ZAHNARZT. No – no – no – keine Angst; Sie zittern ja wie ein Zitherspieler! So, nun machen Sie mal den Mund recht schön auf! Und lassen Sie mir einmal den hohlen Zahn sehen!

PATIENT. Ja Herr Doktor, san Sie neugierig; als Zahndoktor werd'n Sie doch schon einmal an hohlen Zahn g'sehn hab'n!

ZAHNARZT. Ja, mein Lieber, ich muss doch den Zahn zuerst sehen, sonst kann ich doch denselben nicht ziehen.

PATIENT. Ja, das Reißen is halt so a furchtbarer Schmerz, dös kann ma ja kaum aushalten, wissen's

Herr Doktor, wenn i mir a verrenkt's Knie wieder einrenken lass, dös is a ein furchtbarer Schmerz, aber da kann ich vor Schmerz die Zähn' zambeißen und des kann i beim Zähnreißen net machen, weil Sie sonst mit der Zange net neikommen.

ZAHNARZT. Also, jetzt machen Sie keine Geschichten und machen Sie den Mund auf; Sie werden gar nichts spüren – ich zieh Ihnen den Zahn mit Lachgas.

PATIENT. Um Gottes willen, das geht bei mir noch nicht; ich darf noch nicht lachen; mir ist vor vier Wochen mei Tante g'storb'n, ich hab noch Trauer.

ZAHNARZT. Ich sehe eben, den Zahn braucht man überhaupt noch gar nicht ziehen, den kann ich Ihnen noch plombieren. Ich bohr Ihnen den Zahn jetzt aus. *(Bohrgeräusche.)*

PATIENT. Halt, halt!!! Was brauchen S' denn da noch ausbohren, der is ja so schon hohl.

ZAHNARZT. Nein, nein, ich muss ihn ganz hohl machen und dann muss ich Ihnen den Nerv töten!

PATIENT. Herr Doktor! Denken Sie an das fünfte Gebot: Du sollst nicht töten!

ZAHNARZT. Ich muss den Nerv töten – und dann mache ich Ihnen eine Zementplombe hinein.

PATIENT. Eine Zementplombe? Ist die teuer?

ZAHNARZT. Eine Zementplombe kostet sieben Mark.

PATIENT. Sieben Mark? Das ist mir zu teuer! Ja, wie viel Zement brauchen Sie denn dazu?

ZAHNARZT. Ach, ganz wenig, vielleicht eine kleine Messerspitze voll.

PATIENT. A Messerspitz voll Zement – und des kost sieben Mark! Dös macht mir mein Hausmaurer dahoam um a Maß Bier!

ZAHNARZT. Ja mein lieber Mann, Sie sind ein schwieriger Patient! Ziehen soll ich Ihnen den Zahn nicht, plombieren soll ich nicht, dann setz ich Ihnen halt eine Goldkrone auf.

PATIENT. Ah!!! – Sie sind g'wiss a ehemaliger Hoflieferant!

Sisselberger vor Gericht

1940

RICHTER. Der nächste Fall!!

GERICHTSDIENER *(in den Vorraum schreiend)*. Der Fall Sisselberger!! *(Führt den Angeklagten herein.)*

RICHTER. Sie sind angeklagt, Ihrem Prinzipal aus der Ladenkasse Geld entwendet zu haben.

ANGEKLAGTER. Jawohl –

RICHTER. Ihr Prinzipal ist aber doch ein ganz kleiner Kaufmann und nach den Akten zu schließen, hat er wirklich selbst nichts Übriges –

ANGEKL. Das stimmt, aber ich habe noch weniger.

RICHTER. Pfui, schämen Sie sich, das ist doch kein Standpunkt, dass Sie ihm dann, weil er etwas mehr hat als Sie, etwas nehmen –

ANGEKL. Aber logisch, Herr Richter.

RICHTER. Wie meinen Sie das?

ANGEKL. Na ja, umgekehrt wär's doch nicht möglich, dass der, der wo was hat, dem andern der nichts hat, etwas stiehlt –

RICHTER. Ja, das hätt doch auch der gar nicht im Sinn, der etwas hat –

ANGEKL. Das stimmt nicht, Herr Richter, wie viele haben schon viel gehabt und haben doch den anderen etwas gestohlen –

RICHTER. Dann muss aber der andere auch etwas gehabt haben!

ANGEKL. Klar – verwerflich ist nur das Herr Richter, wenn zwei, die gleich viel haben, einander den gleichen Betrag stehlen. Sind die strafbar, Herr Richter?

RICHTER. Wenn jeder dem andern den gestohlenen Betrag wieder zurückgibt, dann nicht. – – Aber jetzt zur Sache! – Wir haben uns hier am Gericht nicht um logische oder unlogische Dinge zu kümmern, sondern um Ihren Fall.

ANGEKL. Sie meinen, um unsern Fall, wir sind ja zu dritt!

RICHTER. Wieso, zu dritt?

ANGEKL. Ich – mein Chef – und –

RICHTER. Und? Wer noch?

ANGEKL. Die erbrochene Ladenkasse.

RICHTER. Also Sisselberger, Sie geben zu, dass Sie Ihrem Chef, Herrn Niedermeier, 1,50 Mark aus der Ladenkasse entwendet haben. – Warum haben Sie ihm nur einen so kleinen Betrag gestohlen?

ANGEKL. Weil das Sprichwort heißt: »Mit Kleinem fängt man an, mit Großem hört man auf.«

RICHTER. Nanu! Sie werden doch nicht am Ende Ihrer Verbrecherlaufbahn Möbelwagen stehlen wollen; aber ich möchte nun unbedingt wissen, warum Sie mit dieser kleinen Diebesbeute zufrieden waren, denn schließlich heißt es doch beim Verbrecher auch: »wenn schon – denn schon«.

ANGEKL. *(zögernd).* Ich konnte nicht mehr nehmen – –

RICHTER. Was heißt: Sie konnten nicht?! Wurden Sie plötzlich durch irgendjemand bei der Tat gehindert?

ANGEKL. Nein – ich war ganz allein.

RICHTER *(schreit wütend).* Und ich will nun endlich wissen; warum Sie wegen lumpigen 1 Mark 50 Pfennig Ihre Ehre aufs Spiel setzen, wenn Sie schon allein waren! Warum haben Sie sich so wenig herausgenommen?

ANGEKL. *(Pause)* – – – – – – – – – – – – Weil nicht mehr drin war.

Ende.

Der neue Buchhalter

1937

(Chef zum neuangestellten Buchhalter.)

CHEF. Also Herr Maier, Sie beginnen heute Ihre Tätigkeit in meinem Geschäft als Buchhalter.

BUCHH. Jawohl, Herr Meier!

CHEF. Das ist natürlich wieder ein Verhängnis, dass Sie auch Maier heißen, genau wie ich.

BUCHH. Jawohl Herr Meier, aber ich schreibe mich Maier mit a i und Sie Herr Meier mit e i.

CHEF. Nun ja, aber wie's der Kuckuck haben will, habe ich noch mehrere Meier in meiner Fabrik, und zwar mein Teilhaber, der heißt auch Meyer.

BUCHH. Das ist natürlich taftal – fatal, das muss ja zu Verwechslungen führen!

CHEF. Nein, nein! Verwechslungen gibt es da nicht, denn der Teilhaber schreibt sich ja Meyer mit Ypsilon.

BUCHH. Verzeihung! So, so, dann natürlich nicht.

CHEF. Dann haben wir noch einen weiteren Meier bei uns, und zwar, den Hausmeister, der heißt aber Gott sei Dank Meir, also hinten ohne e.

BUCHH. Na fabelhaft! Das ist natürlich kinderleicht, den und die anderen Meier auseinanderzukennen.

CHEF. Na, das will ich nicht sagen, der Hausmeister Meir muss nur sehr prägnant ausgesprochen werden.

BUCHH. Natürlich Herr Meier, also Meir!

CHEF. Das wären also die vier Meier in meinem Geschäft; nun zu den Kunden und Geschäftsleuten. Da schreiben sich nahezu ein halbes Dutzend ebenfalls wieder Meier in allen Variationen. Merken Sie sich nun, was ich Ihnen sage.

BUCHH. Jawohl, Herr Meier!

CHEF. Also passen Sie auf!, Herr Maier! Unser Holzlieferant heißt Mayer, den können Sie aber mit sich niemals verwechseln, weil Sie sich ja mit a i schreiben und der mit a Ypsilon.

BUCHH. Aha, also so wie der Hausmeister.

CHEF. Wieso der Hausmeister? Der Hausmeister schreibt sich doch Meir, ohne hinten mit e.

BUCHH. Richtig! Hinten ohne mit e, ich war jetzt in Gedanken, hinten mit e, Verzeihung!

CHEF. Zu aller Fatalität heißt nämlich mein Schwiegersohn auch noch Mejer, aber Mejer mit Jot und dann haben wir noch einen Kunden mit dem Namen Meierer. Um aber Verwechslungen zu vermeiden, ist es das einfachste, Sie merken sich die Schreibweise der vielen Meier.

Also: 1. Meine Wenigkeit Meier
M*e*ier geschrieben
Ihre Wenigkeit Maier
M*a*ier geschrieben
Mein Teilhaber Herr Meyer
Me*y*er geschrieben
Der Hausmeister Meir

Meir ohne *e* am Schluss
Der Holzhändler Mayer
M*ay*er geschrieben
Mein Schwiegersohn Mejer
M*ej*er geschrieben
und mein Kunde Meierer
Meier*er* geschrieben.
So wäre es sehr einfach und jede Verwechslung ausgeschlossen. Dann noch ein wichtiger Punkt. Wenn einer oder der andere Meier ins Geschäft kommt, dann ist es ja leicht für Sie, im Laufe der Zeit die vielen Meier auseinanderzukennen. Sagen wir, der Herr Meier mit i geschrieben, hat ein gestreiftes Taschentuch, der zweite Meier trägt einen schmutzigen Kragen – – –

BUCHH. Wenn er aber einen frischen Kragen trägt?

CHEF. Nun ja, dann erkennen Sie ihn eben an dem frischen Kragen. Kritisch ist die ganze Sache mit den vielen Meiern nur am Telefon, wenn man diese Kerle nicht sieht.

BUCHH. – – – dann einen Fernsehapparat!

CHEF. Ach Fernsehapparat! – So weit sind wir noch nicht. Haben Sie also gut aufgepasst, was ich Ihnen gesagt habe?

BUCHH. Selbstverständlich!

CHEF. Also, wiederholen Sie die Schreibweise der vielen Meier!

BUCHH. Der eine Meier hat vorne ein schmutziges

Taschentuch und hinten ein Ypsilon. Der zweite Meier hat hinten das a und vorne reibt er sich mit Jot ein.

CHEF. Sie Idiot sagen alles verkehrt! Was würden Sie tun, wenn die Meier alle plötzlich kämen?

BUCHH. Zusperren und keinen hereinlassen, Herr Meier!

In der Apotheke

1937

(Ladenglocke)

V. Guten Tag, Herr Apotheker!

A. Guten Tag, mein Herr, Sie wünschen?

V. Ja, das ist schwer zu sagen.

A. Hahaha, gewiss ein lateinisches Wort?

V. Nein, nein, vergessen hab ich's.

A. Na ja, da kommen wir schon drauf, haben Sie kein Rezept?

V. Nein!

A. Was fehlt ihnen denn eigentlich?

V. Nun ja, das Rezept fehlt mir.

A. Nein, ich meine: Sind Sie krank?

V. Wie kommen Sie denn auf so eine Idee, schau ich krank aus?

A. Nein, ich meine, gehört die Medizin für Sie oder für eine andere Person?

V. Nein, für mein Kind.

A. Ach so, für Ihr Kind. Also, das Kind ist krank. Was fehlt denn dem Kind?

V. Dem Kind fehlt die Mutter.

A. Ach, das Kind hat keine Mutter?

V. Schon, aber nicht die richtige Mutter.

A. Ach so, das Kind hat eine Stiefmutter.

V. Ja ja, leider, die Mutter ist nur stief statt richtig, und deshalb muss sich das Kind erkältet haben.

A. Hustet das Kind?

V. Nein, es schreit nur.

A. Vielleicht hat es Schmerzen?

V. Möglich, aber es ist schwer. Das Kind sagt nicht, wo es ihm weh tut. Die Stiefmutter und ich geben uns die größte Mühe. Heut hab ich zu dem Kind g'sagt, wenn du schön sagst, wo es dir wehtut, kriegst du später mal ein schönes Motorrad.

A. Und?

V. Das Kind sagt es nicht, es ist so verstockt.

A. Wie alt ist denn das Kind?

V. Sechs Monate alt.

A. Na, mit sechs Monaten kann doch ein Kind noch nicht sprechen.

V. Das nicht, aber deuten könnte es doch, wo es die Schmerzen hat, wenn schon ein Kind so schreien kann, dann könnt's auch deuten, damit man weiß, wo der Krankheitsherd steckt.

A. Hat's vielleicht die Finger immer im Mund stecken?

V. Ja, stimmt!

A. Dann kriegt es schon die ersten Zähne.

V. Von wem?

A. Na ja, von der Natur.

V. Von der Natur, das kann schon sein, da braucht's aber doch net schrein, denn wenn man was kriegt, schreit man doch nicht, dann freut man sich doch. Nein, nein, das Kind ist krank und meine Frau hat gsagt: »Geh in d'Apothekn und hol einen – – –?«

A. Kamillentee?

V. Nein, zum Trinken g'hört's nicht.

A. Vielleicht hat's Würmer, das Kind.

V. Nein, nein, die tät man ja sehn.

A. Nein, ich mein innen.

V. Ja so, innen, da haben wir noch nicht reing'schaut.

A. Ja, mein lieber Herr, das ist eine schwierige Sache für einen Apotheker, wenn er nicht erfährt, was der Kunde will!

V. D'Frau hat g'sagt, wenn ich den Namen nicht mehr weiß, dann soll ich an schönen Gruß vom Kind ausrichten, ah, von der Frau vielmehr, und das Kind kann nicht schlafen, weil's immer so unruhig ist.

A. Unruhig? Da nehmen Sie eben ein Beruhigungsmittel. Am besten vielleicht: Isopropilprophenilbarbitursauresphenildimethildimethylaminophirazolon.

V. Was sag'n S'?

A. Isopropil …
V. Wie heißt dös?
A. Isopropil …
V. Jaaaa! Dös is! So einfach, und man kann sich's doch nicht merken!

Am Heubod'n

1937

ANNI. Simmerl, Simmerl! Wo bist denn?
SIMMERL. Do!
ANNI. Wo?
SIMMERL. Do!
ANNI. I seh di ja net.
SIMMERL. Desweg'n bin i do da.
ANNI. Ja hörn tua i di scho, aber seh'gn tua i di net.
SIMMERL. Ja dös sell ko i scho versteh, weilst halt im Finstern nix siehst.
ANNI. Aba warum hört ma nacha im Finstern was?
SIMMERL. Ja warum? Hörst Du ebba jetzt grad was?
ANNI. Freili! Di hör i.
SIMMERL. Warum grad ausg'rechnet mi?
ANNI. Weil halt sunst wahrscheinli neamand da is.
SIMMERL. Ja woasst du dös g'wiss?
ANNI. Freili woaßs i dos g'wiss, sunst tat i do außer dir no ebbs hörn.
SIMMERL. Hörst du mi denn a wenn i nix red?

ANNI. Sell woas i net, red amal nix, ob i nacha was hör.
SIMMERL. Ja jetzt pass auf, jetzt red i nix – Hast dös jetzt g'hört wia i nix g'redt hab?
ANNI. Ja tadellos – und dös hab i nacha g'hört wiast g'sagt hast »hast dös g'hört wia i nix g'redt hab?«
SIMMERL. So, dös hast g'hört? – Aber des andere net?
ANNI. Was für a anders?
SIMMERL. No ja, wia i nix g'redt hab.
ANNI. Na, zuaghört hab i scho, aber g'hört hab i nix.
SIMMERL. Dös is g'spassig, gell, mit dera Hörerei!
ANNI. Ja, dös is wohl g'spassig. – Du Simmerl! probiern ma dös gleiche mit'n sehn a, statt mit'n horchn, schaug amal net, ob i di na seh?
SIMMERL. Ja is scho recht, jetzt schaug i amal net – – jetzt hab i net g'schaut, hast mi g'sehn?
ANNI. Na!
SIMMERL. Hast mi wirklich net g'sehn?
ANNI. Na g'wiss net, i hab di ja z'erst a net g'sehn wiest g'schaut hast.
SIMMERL. Was? Da hast mi a net g'sehn?
ANNI. Na!
SIMMERL. Ja wo hast nacha da hing'schaugt?
ANNI. Nirgends.
SIMMERL. Warum hast denn dann nirgends hin g'schaut?
ANNI. Ja wo hätt i denn sonst hinschaun solln?
SIMMERL. Ja mei, zu mir her hättst schaun solln.
ANNI. Im Finstern seh i di doch net.

SIMMERL. Ja warum net?

ANNI. Wenn du dös net woaßt, wia soll's denn dann i wiss'n? Wo i doch viel dümmer bin als du.

SIMMERL. Na Anni, dös kannst a net sag'n, mir zwei san scho gleich dumm, sunst kunnt ma net so saudumm daherred'n.

ANNI. War dös saudumm, was mir jetzt grad gredt ham?

SIMMERL. Na ganz saudumm no net.

ANNI. No net? – Was is denn nacha ganz saudumm?

SIMMERL. Ganz saudumm wär zum Beispiel dös, wenn i zu dir g'sagt hätt – Anni! Halt dir amal d'Ohrn zua, dann schaug i ob i di riach.

ANNI. So, des is ganz saudumm?

SIMMERL. Ja, dös wär ganz saudumm!

ANNI. O mei bin i saudumm, dass i net amal g'wusst hab, was ganz saudumm is.

Zitherstunde

(Er läutet mit.)

MAXL. Grüß Gott, Herr Zitherlehrer!

LEHRER. Grüß Gott, Maxl; komm nur herein.

MAXL. An schönen Gruß von der Mutter und Sie möchten vielmals entschuldigen, dass ich heute so spät komme.

LEHRER. Hat dich deine Mutter so lange benötigt?

MAXL. Na na, d' Muatter hat mich pünktlich fort g'schickt – aber i hab mit meine Kameraden »Räuber und Schande« g'spielt.

LEHRER. Ja, was hat denn das mit deiner Mutter zu tun?

MAXL. Dös woaß i a net.

LEHRER. Na ja. – – Hast du fleißig gelernt?

MAXL. Nein, Herr Lehrer!

LEHRER. Warum nicht?

MAXL. Ja, ich hab der Mutter Kohlen raufholen müssen vom Keller.

LEHRER. Das ist ja recht und schön, wenn du deiner Mutter hilfst, aber heut ist doch Donnerstag und am Montag warst du das letzte Mal bei mir in der Zitherstunde; du hast doch nicht drei Tage lang Kohlen raufholen müssen vom Keller.

MAXL. Ich hab ja Kartoffeln auch raufholen müssen.

LEHRER. Ja ja, aber das dauert doch nicht drei Tage lang.

MAXL. Aber a Mili hab i auch holen müssen und a Salatöl.

LEHRER. Das ist ja alles ganz recht – aber du hättest doch alle Tage wenigstens eine Stunde üben können.

MAXL. Na, dös is net ganga, weil's so kalt g'wen is in unserm Zimmer.

LEHRER. Dann heizt man eben ein, ich muss auch heizen – da hätte halt deine Mutter einheizen sollen.

MAXL. Mir ham ja keine Kohlen.

LEHRER. Wieso? Grad vorher hast du gesagt, du hast deiner Mutter Kohlen raufholen müssen vom Keller und jetzt im Moment sagst du wieder, Ihr habt keine Kohlen.

MAXL. Ja – im Keller ham ma keine mehr – weil ich's alle rauftragen hab.

LEHRER. Nun ja, dann hast du die Kohlen heraufgetragen und dann hat sie eingeheizt.

MAXL. Na na!

LEHRER. Was na na?

MAXL. Eing'heizt war ja schon.

LEHRER. Wie, es war schon eingeheizt?

MAXL. Ja, eing'heizt hat d'Muatter scho g'habt mit Holz allein, aber bis i d' Kohlen rauftragen hab vom Keller, is 's Holz wieder verbrennt g'wen, weil mir im vierten Stock wohnen.

LEHRER. Ich glaub halt, dass deine Mutter nicht richtig einheizen kann, dann soll eben dein großer Bruder Feuer machen.

MAXL. Moana Sie an Schorsche, der Schorsche konn se ja net bucka, der hat ja an wehen Fuaß, weil er vom Baum abag'falln is.

LEHRER. Ach ja, der ist vom Baum gefallen. – Bei der Arbeit?

MAXL. Na, beim Obststehln.

LEHRER. Dann soll halt deine Großmutter einheizen.

MAXL. Ah d' Großmuatter, de is ja scho z'alt, de sieht ja net amal an Ofa, viel weniger 's Ofaloch.

Valentin als *Zithervirtuose*, Filmfragment 1929

LEHRER *(energisch)*. Ja irgendwer wird doch bei euch zuhaus noch einheizen können!

MAXL. Mei Tante, dö hat –

LEHRER. Nun ja – die Tante – soll doch die einheizen!

MAXL. Mei Tante – die hat gut einheizen können, aber die is ja schon g'storben vor vier Jahr.

LEHRER. Ist denn das möglich, dass in einer Familie niemand einheizen kann! Es muss doch bei euch zuhause ein Mensch sein – –

MAXL. Ja höchstens mei Schwester, d' Lina – aber de hoazt nia ein, weil d' Muatter erst neulich zu ihr g'sagt hat, sie soll ei'hoazen, na hat mei Schwester g'sagt: »Dös kannst dir denken, dass i mit de frisch lackierten Fingernägel einhoazen tu und rußige Pratzen krieg.«

LEHRER. Na also, wenn deine Schwester zu nobel ist zum Einheizen, dann muss sich doch um Himmels willen irgendjemand finden, der bei euch einheizen kann.

MAXL. Ja, höchstens der Vater.

LEHRER. Ach was, der Vater heizen – heizen ist doch kein Geschäft für den Vater!

MAXL. Ja ja – mei Vater is doch Heizer.

Transport-Schwierigkeiten

Ein Zwiegespräch

BICHLBAUER *(zu seinem Knecht Michl)*. Spann schnell ein und fahr mit 'n Leiterwag'n zum Berger Pauli nach Olching 'nüber und hol die alten Kisten, die er mir no net z'ruckgeb'n hat!

MICHL. Kist'n soll i hoin – ja, da woaß ja i no gar nix davo.

BAUER. Dös glaub i scho, dass du da no nix davo woaßt, drum sag i dir's ja.

MICHL. Woaß dös da Berger Pauli, dass i de Kist'n holn soi?

BAUER. Woher soll er denn dös wiss'n, desweg'n schick i di ja 'nüber, dass du eahm sag'n sollst, dass du de Kist'n holn sollst.

MICHL. Wenn aber der Berger Pauli net dahoam is?

BAUER. Wenn da Berger Pauli net dahoam is, kannst du's eahm natürli net sag'n aber sei Frau werd scho da sei.

MICHL. Soll i's dann da Frau Berger sag'n?

BAUER. Freili!

MICHL. D' Frau werd halt net wiss'n wo de Kist'n san.

BAUER. Dös woaß i natürli a net, ob s' de woaß.

MICHL. Was soll i dann doa, wenn 's de net woaß?

BAUER. Dös woaß i a net, dann muasst hoit warten, bis da Berger Pauli kimmt.

MICHL. Wenn aber der Berger Pauli net kimmt, soll ich dann sei Frau frag'n, wia lang i warten soll?

BAUER. Frag'n kannst ja.

MICHL. I moan, es is besser, i fahr morg'n 'nüber, da is der Pauli vielleicht sicherer dahoam als heit.

BAUER. Red doch net so saudumm daher, morg'n kann er vielleicht noch weniger dahoam sei als heit.

MICHL. Jetzt kenn i mi nimmer aus, soll i heit fahrn oder morg'n?

BAUER. Einspanna tust jetzt und fahrst 'nüber, und wennst de Kisten net kriagst, dann fahrst mit 'n leeren Wag'n wieder hoam.

MICHL. Na! Dös dua i net, denn wenn i scho eispann und 'nüberfahr, dann nimm i d' Kist'n auf alle Fälle mit. Spaziernfahrn dua i net.

BAUER. Spaziernfahrn brauchst ja a net, denn wenn der Berger Pauli oder sei Frau dahoam san, dann kriagst ja d' Kist'n, denn de Kist'n san ja mei Eigentum.

MICHL. Woaßt was, Bauer, i spann net ei, i geh zuerst persönli 'nüber zum Berger Pauli und frag'n, ob er dahoam is. Sagt er ja, dann geh i hoam, spann ei, fahr 'nüber und hol d' Kist'n.

BAUER. Dös is ganz vakehrt, wennst scho 'nüber gehst, dann kannst do glei 'nüber fahrn! Denn wenn da Pauli dahoam is, kriagst ja d' Kist'n, na stehst und da hast koan Wag'n dabei und trag'n kannst de groß'n Kist'n net.

MICHL. Ja, ja, da hast du scho recht, Bauer, aber wia g'sagt, da Pauli kannt ja a net dahoam sei, was macha?

BAUER. Ganz einfach! Wann er wirkli net dahoam is, nacha steckst eahm an Zettl an Tür hin, dann woaß der Pauli, dass du da warst.

MICHL. Dös mit dem Zettl versteh i net recht, weil, wenn doch der Berger Pauli net dahoam is, ko er doch den Zettl net lesen!

BAUER. Ja, Rindvieh saudumms, freili kann er den Zettl net lesen, wenn er net dahoam is, aba wenn er kimmt, kann er'n doch lesen!

MICHL. Ja, wenn er kimmt, brauch i doch koan Zettl, da kann is eahm doch glei selber sag'n, weg'n de Kisten.

BAUER. Ja, blöda Hund, du kannst doch net so lang wart'n, bis er kimmt!

MICHL. Ja mei, dös kummt drauf o, wo er hinganga is, der ko lang ausbleib'n, konn aber a sofort wieder da sei.

BAUER. Pass auf, Michl, de G'schicht ist ganz einfach, mia schreib'n jetzt an Zettl. Gib den Fetzen Papier her, der da auf'm Boden liegt, so da schreib'n ma jetzt drauf: »War da, zweg'n den Kist'n holen«, so und jetzt spannst ein und fahrst zum Berger Pauli 'nüber, is er dohoam, dann is recht, is er net dahoam, is d' Frau dahoam, is d' Frau auch net dahoam, steckst den Zettl an d' Tür oni.

MICHL. Dös is a net 's Richtige, weil wenn s' alle zwoa dahoam san, dann hab'n mia den Zettl umsunst g'schrieb'n.

BAUER. Sakrament, an dös hab i net denkt.

MICHL. Woaßt was Bauer, schenk eahm doch de paar alt'n Kist'n, mir hab'n ja so so vui so Glump.

BAUER. Guat, i schenk s' eahm.

MICHL. Und an Zettl?

BAUER. Den zreißt!

MICHL. *(ffffffffschd)*.

Funk-Reportage

Man hört Dampfmaschinengeräusch.

ANSAGER. Wir befinden uns mit unserem Mikrofon soeben in einem Hof eines Anwesens in Berg am Laim bei München. – Eine kleine Lokomobile mit angekuppelter Saugpumpe und drei Wägen mit großen Eisenfässern stehen vor dem Hause. Ein dicker, zwanzig Meter langer Gummischlauch schlängelt sich von der Pumpe bis in den Hof und mündet mit dem anderen Ende des Schlauches in einer Versitzgrube.
Sind Sie der Besitzer dieser Pumpanlage? Bitte beantworten Sie mir einige Fragen vor dem Mikrofon. Bitte hier hineinsprechen.

ARBEITER. Na, i bin bloß angestellt.

ANSAGER. Ha ha, Sie sind ein Angestellter der Grubenentleerungsanstalt. Unsere Hörer interessiert es nämlich, wie so eine Grubenentleerung vor sich geht.

ARBEITER. Ja mei, erklären ko i dös eigentli net, wenn holt a Grubn voll is, dann telefoniert der Hausbesitzer in unsa Büro, dass die Grubn grammt werden muss, weils voll is.

ANSAGER. Ich verstehe, dann haben Sie von Ihrem Chef den Auftrag, mit der Dampfmaschine und einigen Fässern die betreffende Grube zu entleeren.

ARBEITER. Ja ja, entleeren, mir sag'n halt »ramma«.

ANSAGER. *Ramma* – also räumen sozusagen, auspumpen, und wie geht das technisch vor sich?

ARBEITER. Ja mei, a schöne Arbeit is des net –

ANSAGER. Nein, das kann man nicht behaupten, aber es muss eben auch sein.

ARBEITER. Freili muss des sei, was meinens, wenn die Gruben nie grammt würden, de tat'n ja alle überlauf'n. A so a Grubn is alle drei Monat voll, b'sonders in an vierstöckig'n Haus wo viele Partein wohna.

ANSAGER. Ja aber so viel ich weiß, ist ja in meisten Häusern Schwemmkanalisation, da gibt es keine Grubenentleerung, weil die Fäkalien durch die Schwemmanlage fortgespült werden.

ARBEITER. In da Stadt drin scho, aber außahalb München gibts no viele Häuser wo grammt werden muass – Des mach i ja jetzt a schon breits 25 Jahr.

ANSAGER. Dann können Sie also bald Ihr 25-jähriges Rama-Jubiläum feiern –

ARBEITER. Stimmt …

ANSAGER. Wie sind Sie zu diesem Beruf gekommen? Es heißt, zu jedem Beruf muss man eine Liebe haben –

ARBEITER. No, Liebe, kann ma da eigentli net sagen. Jeder kann's net machen, wegen dem G'ruch.

ANSAGER. Ja, das ist mir erklärlich, ein Angestellter in einer Parfümfabrik, in welcher Parfüm hergestellt wird, wie zum Beispiel Rosen-, Veilchen-, Hyazinthenparfüm usw. hat entschieden einen schöneren Beruf erwählt, wenigstens für seine Nase.

ARBEITER. Na, des will i gar net sagn – i zum Beispiel riach dös gar nimma, i bin für den G'ruch scho bald immum.

ANSAGER. Haben Sie auch in Ihrem Beruf mit Missständen zu rechnen?

ARBEITER. Ja, manchmal kommt's vor dass sich da Schlauch verstopft –

ANSAGER. Wie ist das möglich?

ARBEITER. Mei, wenn a Packpapierpfropfen neikommt in Schlauch, des reißt's net durch und bleibt steckn.

ANSAGER. Packpapier – wie kommt denn Packpapier in den Schlauch?

ARBEITER. Mei die Leut nehmen heut alles her, Vorschrift ist eigentlich weiches Zeitungspapier.

ANSAGER. Dieser Missstand ist natürlich auch auf den gegenwärtigen Papiermangel zurückzuführen – und was die Hörer auch interessiert, *wo* werden denn die vollen Fässer ausgeleert?

ARBEITER. Die Fässer werden auf irgendeiner Wiese ausgeleert, an dem Platz wachst das Gras a Jahr drauf an viertel Meter hoch.

ANSAGER. Das stimmt, es ist dies der beste Dünger, den sich der Landwirt wünschen kann.

ARBEITER. Die Kühe, wo das gute Gras fress'n, geb'n aber die beste Milli.

ANSAGER. Und gerade die Milch ist heute so knapp, weil es eben an Dünger fehlt.

ARBEITER. Ja vor dem Krieg haben wir Dünger g'nug g'habt –

ANSAGER. Wie kommt das, dass wir jetzt weniger Dünger haben?

ARBEITER. Ja mei, das hängt halt auch mit der Nahrungsmittelknappheit zamm …

ANSAGER. Mit der Nahrungsmittelknappheit? Wie meinen Sie das?

ARBEITER. Dös is doch sehr einfach – vor dem Krieg hab'n wir so a Versitzgrub'n im Jahr dreimal grammt, jetzt höchstens einmal im Jahr.

ANSAGER. Glauben Sie, dass die Zeit wieder kommt, dass Sie die Gruben statt einmal, wieder öfters im Jahr räumen müssen?

ARBEITER. Sicha. Wenn uns das Ausland des wirklich

schickt was die Zeitungen schreiben, dann könnt'n mir die Grub'n im Jahr mindestens zehnmal ramma.

ANSAGER. Sie hörten ein Gespräch über Grubenentleerung; angeschlossen Radio Pasing auf gleicher Wellenlänge. – Nur noch die Zeit – mit dem Gongschlag ist es genau 25 Uhr *(Gong)* – 25 Uhr mitteleuropäischer Hungerszeit – Verzeihung – Normalzeit.

Der Trompeter von Säckingen

1937

K. O mei, Herr Nachbar, Sie hab'n ja von historischen Ereignissen nicht die geringste Ahnung.

V. Ja glauben S' mir doch, der Trompeter von Säckingen war ein ganz einfacher Mann, nur mit dem Unterschied, dass er immer eine Trompete dabeig'habt hat.

K. Wieso immer eine Trompete?

V. Na ja, wie ein anderer immer seinen Regenschirm dabeihat, so hat der eine Trompete bei sich g'habt.

K. Nein nein, Sie verwechseln den Mann, Sie meinen wahrscheinlich den Mann mit der Flöte, dem die Ratten und Mäuse nachgelaufen sind, wenn er geflötet hat.

V. Ja lieber Herr, das war ja der Rübezahl, der immer

die Rüben gezählt hat, der hat zu der Zeit, als der Trompeter von Säckingen geblasen hat – ah – gelebt hat, wollt ich sagen, – noch gar nicht gelebt.

K. Was? Der hat nicht gelebt? Wenn er nicht gelebt hätte, hätte er ja niemals Trompete blasen können.

V. Freilich hat er gelebt!

K. Jetzt sagen Sie wieder, er hat gelebt.

V. Ich hab gesagt, zu der Zeit hat er nicht gelebt, als der Trompeter von Säckingen gelebt hat.

K. Wer?

V. Der Trompeter von Säckingen.

K. Sie haben doch im Moment behauptet, der Rübezahl hat nicht gelebt, zur Zeit als der Trompeter von Säckingen gelebt hat.

V. Das kann schon sein! – Also einer von den zweien hat nicht gelebt, das weiß ich aus Erfahrung, das hat mir nämlich mein ehemaliger Vater immer oft erzählt; der Herr Trompeter von Säckingen, hat er g'sagt, war beim Dreißigjährigen Krieg Trommler.

K. Geh! So a Schmarrn! A Trompeter ist doch kein Trommler!

V. Lassen Sie mich bitte ausreden; der Trompeter von Säckingen war ein gelernter Trommler, aber während einer früheren Schlacht 1333 wurde ihm von einem bösen Hunnensoldaten die Trommel entzweigeschlagen und das ärgerte ihn so, dass er das Trompetenblasen lernte.

K. Der Trompeter von Säckingen war doch der, der einst mit seiner Trompete das schöne Lied geblasen hat.

V. Stimmt! Behüt dich Gott, es wär so schön gewesen, behüt dich Gott, es hat nicht sollen sein!

K. Das gibt's nicht, das ist technisch nicht möglich, dass einer mit der Trompete den Text blasen kann.

V. Was für einen Text?

K. No ja – »Behüt dich Gott, es wär so schön gewesen.«

V. Das behaupte ich auch gar nicht; die Worte kann er freilich nicht blasen, die kann er nur singen.

K. Ja, hat denn der zum Trompetenblasen nebenbei noch singen können?

V. Nein! Er hat nur die Melodie geblasen.

K. Wer hat dann aber die Worte gesungen »Behüt dich Gott, es wär so schön gewesen?«

V. Das hat sie gesungen.

K. Wer sie? – Also die Frau Trompeter von Säckingen?

V. Nein! Nicht seine Frau, seine Geliebte hat das gesungen.

K. Ah, jetzt begreif ich's, er hat geblasen und sie hat dazu gesungen.

V. Ja, anders kann es nicht gewesen sein! – Sie hat beim Mondenschein auf ihn gewartet und dann ist er gekommen und hat das Lied mit der Trompete geblasen und sie hat mitgesungen.

K. Ah – und da ist wahrscheinlich einer dazugekommen und hat den Text mitstenographiert?

V. Nein, der hat eben nicht mitstenographieren können.

K. Warum nicht?

V. Der hat so laut blasen, dass man den Text nicht verstanden hat.

K. Hin! – – – So a Rindviech!

Karl Valentin in seinem Münchner Haus
am 19. August 1947

v Szenen

Im Schallplattenladen

Personen

EIN KUNDE: Karl Valentin
EINE VERKÄUFERIN: Käthe Schürzinger
DEREN MANN: Josef Rankl.

(Vorhang geht auf, auf der Bühne stehen die Verkäuferin und deren Mann und beschäftigen sich.)

VALENTIN *(tritt auf)*. Guten Tag! Ich krieg eine Schachtel III. Sorte.

VERKÄUFERIN. Ja bei uns gibt es keine Zigaretten zu verkaufen.

VALENTIN. Was gibt's denn dann?

VERKÄUFER. Bei uns gibt es nur Schallplatten und Gramaphone.

VALENTIN. So? Dann geb'ns mir halt ein Gramaphon!

VERKÄUFERIN. Nun, dann schauens Ihnen den da mal an, das ist ein sehr schöner Apparat.

VALENTIN. Aber der ist ja kaputt, der hat ja ein Loch! *(Deutet auf die Schallöffnung.)* Und dann möchte ich einen, der da vorne einen Reißverschluss hat.

VERKÄUFERIN. Einen Reißverschluss gibt es doch an einem Apparat nicht!

VALENTIN. So ein Apparat ist aber recht unpraktisch. Wenn man da den Finger hintut und fällt der Deckel zu, dann kann man sich leicht einzwicken.

VERKÄUFERIN. Ja da muss man halt Obacht geben.

VALENTIN. Wenn man aber nicht Obacht gibt? Und dann sticht man sich auch sehr leicht an dem Stachel da! Hättens nicht einen solchen mit einem Trichter?

VERKÄUFER. Nein, mit Trichter gibt es keinen Apparat mehr. Die sind ja unmodern.

VALENTIN. Aber grad so einen möcht ich haben.

VERKÄUFERIN. Ja warum denn?

VALENTIN. Wissens, ich hab nämlich noch eine ganze Flasche Sidol zu Haus und die möcht ich aufbrauchen.

VERKÄUFERIN. Nun, da werden Sie doch einen anderen Zweck dafür finden.

VALENTIN. Ja freilich, ich hab so Schnallen z'haus.

VERKÄUFER. Wie meinen Sie? Was für Schnallen?

VALENTIN. So Türschnallen halt!

VERKÄUFER. Ach so!

VERKÄUFERIN. Also wie steht es mit dem Gramola da? Der wäre sehr billig und gar nicht teuer.

VALENTIN. Also unteuer! Was kostet denn der?

VERKÄUFER. Wir könnten Ihnen den Apparat sehr preiswert überlassen. Ich mache Ihnen ein günstiges Angebot. Sie bekommen den Apparat zum Preise von 85 Mark. – Also sehr billig! Und dabei verdienen wir hier an diesem Apparat nur 5 Mark, denn der kostet uns selbst im Einkaufspreis 80 Mark.

VERKÄUFERIN. Du Josef! Der Apparat hat uns aber nur 30 Mark gekostet.

VERKÄUFER. Aber nein! Der doch nicht!

VERKÄUFERIN. Du irrst dich, der hat uns nur 30 Mark gekostet.

VERKÄUFER. Nein, wenn ich dir sage, der hat uns immer schon 80 Mark gekostet. *(stößt sie mit dem Fuß)*

VERKÄUFERIN. Warum stößt du mich denn?

VALENTIN. Die harmoniern auch net z'samm.

VERKÄUFER. Weil der immer schon 80 Mark gekostet hat.

VALENTIN. Natürlich, Frau, sonst müsst er doch 55 Mark daran verdienen. Sagens mal, haben Sie den Apparat nicht mit Dampfbetrieb?

VERKÄUFERIN. Mit Dampfbetrieb gibt es keinen, aber mit elektrischem Betrieb, zum Beispiel der hier, das ist ein ganz moderner Apparat mit Lautverstärker.

VALENTIN. Was kostet denn der?

VERKÄUFERIN. Ja der ist eminent teuer.

VALENTIN. Der ist mir auch zu eminent teuer.

VERKÄUFER. Wissen Sie denn, was der Apparat kostet?

VALENTIN. Nein!

VERKÄUFERIN. Der kostet 500 Mark.

VALENTIN. Mit der Nadel?

VERKÄUFERIN. Wollen Sie sich mal das Reisegramola ansehen? Das wäre sehr billig, das kostet nur 20 Mark.

VALENTIN. Mit Reise?

VERKÄUFERIN. Nein, natürlich ohne Reise.

VALENTIN. Aber ich reise ja fast selten nie, ich bin noch ganz selten gerissen.

VERKÄUFERIN. Sie können ja den Apparat zu Hause auch spielen lassen.

VALENTIN. Geht der zu Hause auch?

VERKÄUFERIN. Natürlich!

VALENTIN. Und auf der Reise?

VERKÄUFERIN. Und auf der Reise!

VALENTIN. Zu gleicher Zeit?

VERKÄUFERIN. Nein, entweder zu Hause oder auf der Reise.

VALENTIN. Ah, dann ist das ja ein Entweder-Apparat. Sagen's amal, kann man den Apparat auf der Straßenbahn auch spielen lassen?

VERKÄUFERIN. Aber auf der Straßenbahn wäre doch die Strecke zu kurz.

VALENTIN. Auf der Ringlinie?

VERKÄUFERIN. In der Straßenbahn spielt doch kein Mensch Gramola.

VALENTIN. Na also, dann werd ich mich zu einem von den drei beiden entschließen.

VERKÄUFERIN. Und dann machen wir auch Reparaturen.

VALENTIN. Bevor man schon einen kauft? Das muss ja ein gutes Fabrikat sein.

VERKÄUFERIN. Nein, falls mal irgendwie Bedarf wäre an Reparaturen.

VALENTIN. Ja, Sie, ich habe einen bekannten Freund, der hat auch so einen Apparat und der gibt jetz immer so unreinliche Töne. Wissens, der wohnt schon drei Jahre im Waschhaus und da ist's so feucht und da ist ihm der Zacken da eingerostet.

VERKÄUFERIN. Die Nadel? Ja und was soll man da machen?

VALENTIN. Ja, da hat er gmeint, ob man die Nadel da nicht spitzig machen könnt.

VERKÄUFERIN. Nein, das geht nicht. Da soll sich halt Ihr Freund ein Schächterl neue Nadeln kaufen.

VALENTIN. Ja das hab ich ihm auch gesagt.

VERKÄUFERIN. Und dann hätten wir noch sehr schöne Sachen in Schallplatten.

VALENTIN. Die wären mir eigentlich viel lieber als ein Gramaphon.

VERKÄUFERIN. Was sollen das dann für Platten sein?

VALENTIN. So runde dunkelschwarze Platten.

VERKÄUFERIN. Ja, ich meine, wollen Sie Schallplatten mit Musik oder Gesang?

VALENTIN. Nein, nur mit Schall, mit billigem Schall.

VERKÄUFERIN. Gut, wir werden Ihnen mal was vorspielen.

VALENTIN. Ja, sind's so frei!

VERKÄUFER. *(bringt eine Platte)* So, sehen Sie, da ist zum Beispiel ein sehr schöner Marsch.

VALENTIN. M – – – arsch (*wiederholt das öfters*)

VERKÄUFER *(lässt den Marsch spielen).*

VALENTIN *(pfeift dazu, nachdem die Nadel abgesetzt).* I pfeif auf jede Platten.

VERKÄUFER. Also, was sagens dazu, die ist doch schön?

VALENTIN. Ja das schon, aber das war doch nicht Caruso?

VERKÄUFERIN. Ja, Sie wollen Caruso hören?

VALENTIN. So!!!???

VERKÄUFER. Wollen Sie denn eine Platte hören von Caruso? Das können Sie natürlich auch *(legt eine Caruso-Platte auf).*

VALENTIN *(hört zu, bis zum Lachen des Bajazzo, bevor Nadel abgesetzt wird).* Jetzt lacht er, jetzt freut er sich selber, weil er naufkommen ist.

VERKÄUFERIN. Was sagen Sie jetzt?

VALENTIN. Ja, die Caruso-Platten sind schön, aber man kann doch auf diese Platte nicht tanzen.

VERKÄUFERIN. Auf eine Caruso-Platte tanzt auch kein Mensch.

VALENTIN. Nicht auf der Platte, ich mein halt so, so nach der Platte.

VERKÄUFERIN. Ach, Sie wollen eine Tanzplatte haben?

VALENTIN. Mit Schall!

VERKÄUFER. Ach ich verstehe Sie schon, Sie wollen eine Schallplatte hören, nach der man tanzen kann.

VALENTIN. Ja!

VERKÄUFER *(legt einen Ländler auf)*.

VALENTIN *(bevor die Musik schon spielt)*. Ja der ist recht. *(Hört einige Takte an.)* So was mein ich, das ist die Richtige! Was kostet die?

VERKÄUFERIN. 1,50 Mark das Stück.

VALENTIN. Ist mir zu teuer, die Hälfte wäre halt recht.

VERKÄUFERIN. Ja auseinanderschneiden kann ich Ihnen die Platte nicht.

VALENTIN. Nicht von der Platte die Hälfte, vom Preis mein ich.

VERKÄUFERIN. Wir haben schon billigere Platten, wenn ich nur wüsste, was Sie wollen?

VALENTIN. Sagen's amal, haben Sie die Platte von der Freiwilligen Sanitätskolonne, das »Sanitätslos« oder so ähnlich?

VERKÄUFER. Wie meinen Sie, das Sanitätslos?

VALENTIN. Ja, das Sanitätslos!

VERKÄUFER *(sieht im Katalog nach)*. Wie soll das heißen? Das Sanitätslos?

VALENTIN. Nein, das Sanitätslos – allein.

VERKÄUFER. Das Sanitätslos allein?

VALENTIN. Ohne allein.

VERKÄUFER. Nur »Das Sanitätslos«?

VALENTIN. Ohne das!

VERKÄUFER. Nur Sanitätslos?

VALENTIN. Ohne Nur!

VERKÄUFER. Also Sanitätslos!

VALENTIN. Ohne Nur und ohne also.

VERKÄUFER. Sanitätslos!

VALENTIN. Ja!! – Die mein ich!

VERKÄUFER. Nein, eine solche Platte gibt es nicht.

VALENTIN. Doch, ich weiß ja genau.

VERKÄUFERIN. Vielleicht wollen's einmal die Melodie pfeifen oder singen?

VALENTIN. Der Refrain geht so *(singt die letzte Strophe von Seemannslos).*

VERKÄUFERIN. Ach, Sie meinen ja »Seemannslos«.

VALENTIN. Ja, stimmt »Seemannslos« heißt's, ja, so heißt's.

VERKÄUFER. Die haben wir natürlich auf Lager, die können Sie haben *(bringt dieselbe herein und gibt sie der Verkäuferin, diese hält Valentin die Platte hin, Valentin schlägt sie mit dem Stocke entzwei).*

VERKÄUFERIN. Um Gottes willen, was machen Sie denn da?

VALENTIN. Die will ich nicht haben. Die Platte spielt meine Hausfrau seit Jahren jeden Tag, zum Hals wächst mir die Platte raus, Hemmungen hab ich bekommen, dem Irrsinn war ich schon nahe. Diese Platte rotte ich aus, die kauf ich überall auf, Rottiwürfel mach ich daraus.

VERKÄUFERIN. Aber beruhigen Sie sich doch. Nehmen Sie doch Platz!

VERKÄUFER. Aber Sie brauchen diese Platte doch nicht zusammenschlagen.

VALENTIN *(hat sich gesetzt)*. Sie, sagen Sie mal, wo ist denn jetzt eigentlich die Lehne?

VERKÄUFERIN. Was meinen Sie? Was für eine Lehne? Bei uns war noch nie eine Lehne! Vielleicht in unserem Hauptgeschäft, bei Häring, ich glaube, da ist eine Lehne, so ein großes schwarzes Fräulein?

VALENTIN. *Die* Lehne mein ich!

VERKÄUFERIN. Ach, die Stuhllehne!

VALENTIN. Der Stuhl ist hier und die Lehne ist im Hauptgeschäft! Haben Sie vielleicht diese Himbeer-, Heidelbeer-, Brombeer-, Preißelbeer-Platten?

VERKÄUFER *(wiederholt)*. Himbeer-, Heidelbeer-, Brombeer-, Preißelbeer-Platten? Nein, die gibts nicht!

VALENTIN. Halt – Meyerbeerplatten meine ich.

VERKÄUFERIN. Nein, die haben wir zurzeit nicht mehr, die sind ausgegangen.

VALENTIN. Wohin?

VERKÄUFERIN. Kommen Sie mal hier an den Tisch, dann zeig ich Ihnen noch verschiedene Platten.

VALENTIN. Gestorbene Platten?

VERKÄUFERIN. Sehen Sie mal hier, da hab ich was für Sie, das sind biegsame Platten in allen Farben. Da hol ich Ihnen noch welche *(ab)*.

VALENTIN *(allein).* Ja was's net alles gibt, biegsame Gramaphonplatten. So ein Glump erfinden's, aber für'n Katarrh haben's heut noch nix! *(Vergleicht die Wachsplatten auf Biegsamkeit, bricht einige Platten, bis die Verkäuferin entsetzt auf die Bühne kommt.)*

VERKÄUFERIN. Ja, was machen's denn da? Sie haben mir die drei Platten zerbrochen?

VALENTIN. Vier!!!!

VERKÄUFERIN. Aber die sind doch nicht biegsam, das müssen Sie doch sofort bemerkt haben[.]

VALENTIN. Sofort!!!!

VERKÄUFERIN. Aber das geht doch nicht! Kommen Sie mal da rüber, dann zeig ich Ihnen was anders *(nimmt eine Platte, legt sie auf den Hocker auf dem Valentin gesessen ist, führt ihn an den Tisch rechts).* Sehen Sie, das hier, das sind Kristallplatten!

VALENTIN. Um Gottes willen! Die sind ja noch empfindlicher. *(Geht zurück zum Hocker und setzt sich auf die dort liegende Schallplatte, welche hörbar zerbricht.)*

VERKÄUFERIN. Um Gottes willen, jetzt haben Sie mir schon wieder eine Platte zerschlagen.

VALENTIN. Was heißt »zerschlagen«. Zersetzt hab ich sie! – Sie, sagen Sie mal, früher hat es doch auch so kleine Platten gegeben, ach, da haben's Sie's ja *(nimmt die kleinen Platten in die Hand).* Was kostet denn da das Pfund?

VERKÄUFERIN. Die gehen nicht pfundweise, da kostet das Stück – – –

VALENTIN *(hat sich mit dem Stock auf den Ladentisch gelehnt).*

VERKÄUFERIN *(sieht das).* Aber ich bitt Sie, nehmen Sie doch den Stock da weg (*schlägt Valentin den Stock vom Ladentisch, Valentin fällt neuerdings auf eine Schallplatte, die wieder kaputtgeht*). So – jetzt ist schon wieder eine Platte kaputt!

VALENTIN. Der saudumme Stock *(nimmt den Stock auf und wirft ihn hinter die Bühne, Fensterscheibengeklirr deutet an, dass die große Auslagenscheibe zerschlagen ist).*

VERKÄUFERIN *(eilt hinaus, holt den Stock, Verkäufer kommt mit herein).* Um Gottes willen, Josef, schau nur, was der gemacht hat. Ja schauen's nur grad. Jetzt haben Sie uns die Auslagenscheibe auch noch zusammengeschlagen!

VALENTIN. Wie wär's mit einer biegsamen Auslagscheibe?

VERKÄUFER. Aber das geht nun doch zu weit. Was wollen Sie denn eigentlich hier im Laden?

VALENTIN. Einen Gramaphon kaufen!

VERKÄUFER. Also, was ist dann mit dem hier?

VALENTIN. Das ist doch der, bei dem Sie nur 5 Mark verdienen, das will ich nicht.

VERKÄUFER. Und mit dem da, wie steht's da *(Reisegramola)*?

VALENTIN. Ja ich reise ja nie!

VERKÄUFER. Ja was wollen's denn dann? (*Wird wütend.*)

VALENTIN. Wieso dann? Haben Sie Kaufzwang?

VERKÄUFER. Was heißt hier Kaufzwang?

VALENTIN. Ich kann mir doch in einem Laden einen Gramphon ansehen und kann ihn erst zu Weihnachten kaufen. Das kann ich doch machen, wie ich will!

VERKÄUFER. Ja das können Sie. Aber Sie haben kein Recht, mir einen derartigen Schaden zuzufügen, haben Sie mich verstanden?

VALENTIN. Das ist vergessen! Und übrigens, heute ist die Zeit nicht mehr, dass man in einen Laden hineingeht und kauft sich ganz einfach einen Gramaphon, heute kommt zuerst die Magenfrage!

VERKÄUFERIN. Dann hätten Sie in einen Wurstladen gehen müssen!

VALENTIN. Das kann Ihnen wurst sein!

VERKÄUFER. Nein, das ist nicht der Fall. Wo kämen wir denn hin, wenn wir lauter Kunden hätten, die uns einen derartigen Schaden anrichten?

VALENTIN. Dann gingen'S zu Grund!

VERKÄUFER. Na also! Wie steht's jetzt, was wollen'S nun hier im Laden?

VALENTIN. Ja wie gesagt, das liebe Geld halt. Was kostet eine Schallplatte?

VERKÄUFER. 3 Mark!

VALENTIN. Ja schaun's, um 3 Mark, da krieg ich schon einen Hut! Und was kosten Gramaphonnadeln?

VERKÄUFERIN *(zeigt ihm verschiedene Arten von Nadeln).* So ein Schachterl kostet halt 60 Pfennig.

VALENTIN. Eine Nadel bräucht ich eigentlich nur. Gebsn Sie's nicht stückweise her?

VERKÄUFER. Nein, das geht dann doch schon nicht, das wären nette Geschäfte!

VALENTIN. Also so ein Schächterl kostet 60 Pfennig. Und der *(deutet auf den großen Gramphon mit Lautverstärker)* der kostet 500 Mark?

VERKÄUFER. Ja!!!!!

VALENTIN *(sieht am Tisch Kataloge, nimmt einen und frägt)* Sie, was kostet denn so ein Katalog?

VERKÄUFERIN. Der kostet nichts!

VALENTIN. Wie, der kostet nichts?

VERKÄUFER. Nein! Den bekommen Sie gratis, umsonst!

VALENTIN. Umsonst? So? Dann nehm ich einen Katalog! *(Geht ab.)*

VERKÄUFER *(ihm nachgehend, während Vorhang fällt).* Da hört sich doch alles auf!

München, 12. VII. 35
Rankl Josef

Valentin fährt Straßenbahn

SCHAFFNER I. Hat alles Fahrscheine?

VALENTIN. Nein, ich will mir erst einen kaufen.

SCHAFFNER I. Was heißt kaufen, ob S' einen Fahrschein wollen?

VALENTIN. Freilich will ich einen, sonst wär ich ja net in d' Trambahn eing'stieg'n, wenn ich keinen Fahrschein wollte; dann steig ich in ein Autotaxi, da braucht man Gott sei Dank noch keinen Fahrschein, das wird schon auch noch kommen!

SCHAFFNER I. Ja, wo wollen S' denn hinfahrn?

VALENTIN. Wo fahren Sie denn überall hin?

SCHAFFNER I. Wir fahren am Bahnhof.

VALENTIN. Am Bahnhof? Auf was für einen Bahnhof? Es gibt ja mehrere Bahnhöfe in unserer Stadt.

SCHAFFNER I. Ja, wir fahren mit unserer Linie am Bahnhof vorbei.

VALENTIN. Vorbei? Ja, ich will ja nicht vorbeifahren, ich will ja *zum* Bahnhof fahren.

SCHAFFNER I. Dann müssen S' halt am Bahnhof aussteigen!

VALENTIN. Wann?

SCHAFFNER I. Na ja, wann ma halt draußen sind.

VALENTIN. Wo?

SCHAFFNER I. Am Bahnhof. Und jetzt sag'n S' mir endlich, auf was für einen Bahnhof Sie eigentlich wollen?

VALENTIN. Ja, was für einen Bahnhof könnten Sie mir denn empfehlen?

SCHAFFNER I. Ich hab Ihnen doch g'sagt, mir fahrn am Ostbahnhof.

VALENTIN. Dann geb'n Sie mir lieber ein Billett in Zirkus!

SCHAFFNER I. In Zirkus? – Da müssen S' ja entgegegesetzt fahren mit der 19er-Linie.

VALENTIN. Wann muss ich da aussteigen?

SCHAFFNER I. Sofort! – In die Linie 19.

VALENTIN. Danke! *(Steigt aus und in die Linie 19 um).*

SCHAFFNER II. *(Läutet ab).* Der Wagen ist besetzt; im hintern ist noch genügend Platz.

VALENTIN. Bitte drücken Sie sich nicht so zweideutig aus. Sie können genauso gut sagen: im hintern *Wagen* ist noch genügend Platz, dann gibt es kein Missverständnis.

SCHAFFNER II. Wohin?

VALENTIN. Ein Billett in Zirkus!

SCHAFFNER II. Ich hab keine Zirkusbilletten – nur Straßenbahn-Billetten!

VALENTIN. Ein Billett *zum* Zirkus!

SCHAFFNER II. Das hätten S' doch gleich sagen können! – Im Übrigen ist das Rauchen hier im vorderen Wagen verboten, deshalb habe ich ja zu Ihnen g'sagt, im hintern Wagen ist noch Platz, da können S' auch rauchen!

VALENTIN. Nein! Sie haben im Hintern allein g'sagt!

SCHAFFNER II. Mit 'm Hintern hab ich doch den Wagen g'meint!

VALENTIN. Ob ich in den hintern hineinsteige oder in den vorderen, das kann Ihnen gleich bleiben!

SCHAFFNER II. Wenn S' nicht rauchen, können S' von mir aus im vordern Wagen sein oder im hintern, und jetzt lassen S' mir amal mei' Ruah mit Ihrem Hintern!

DAME. Der Herr hat ganz recht, wenn er sich über Ihre kurze Zurechtweisung aufregt, denn es ist doch keine große Zeitvergeudung, wenn Sie sagen: im hintern Wagen!

SCHAFFNER II. Jessas Maria, jetzt fangt sie aa no o mit'm Hintern! Mei' Ruah möchte i jetzt bald! – Hat alles Fahrscheine?

2. DAME. Bahnhof!

SCHAFFNER II. Der Schein is ja schon abg'rissen!

2. FRAU. Ja, i bin zuerst im hintern g'sessen!

SCHAFFNER II. Wo san S' g'sessen? Am Hintern?

2. FRAU. Nein! Im Hintern!

SCHAFFNER II. Im hintern *Wagen* meinen Sie, sonst könnt i ja meinen, am Hintern sind S' g'sessen!

2. FRAU. Na, i bin im hintern g'sessen und mei' Tochter im vordern, drum bin i vom hintern raus und in vordern nei.

VALENTIN. Sehn S', Herr Schaffner, jetzt sehn S' doch selber ein, dass man *nie* vom Hintern allein reden soll!

Im Uhrmacherladen

1941

UHRMACHER. Jessas, is des jetzt a schlechte Zeit für uns Uhrmacher; jetzt wird's scho bald ein Jahr, dass ich die letzte Uhr verkauft hab. Ich will ja net unbedingt etwas verkaufen, wenn nur wenigstens einer käme und frag'n tät, ob ich was zu verkaufen hab! Was ist schuld an meinem schlechten Geschäftsgang? Nur die vielen Turmuhren in der Stadt; da braucht ja kein Mensch eine Taschenuhr mehr. Mir geht's ja selber so: wenn ich in der Früh auf'n Kirchturm schau, dann weiß ich, wie viel Uhr es ist und brauch gar keine Taschenuhr.

(Ladenglocke)

VATER (und PEPPERL). Grüß Gott, Herr Uhrmacher, hab'n Sie Uhren zu verkaufen? Mein Pepperl gibt koa Ruah mehr, bis er a Uhr hat. Direkt zum Laden hat er mi reizog'n; er will unbedingt eine ham, weil er heut g'firmt wird; der Herr Firmpat' hat uns aufsitzen lassen.

UHRMACHER. So, der wird heuer g'firmt? Mei Bua wird heuer auch g'firmt!

VATER. Da tun Sie sich leichter wia i, Sie brauchen wenigstens koa Uhr kaufen als Uhrmacher!

UHRMACHER. Ja glaub'n Sie, i kriag's g'schenkt?

VATER. Was kost denn eine Firmungsuhr?

UHRMACHER. Das kommt ganz drauf an, was Sie ausgeb'n wollen!

VATER. Ja mei, der Bua is ja erst 14 Jahr alt, der braucht no koa so große Uhr wie ein Erwachsener!

UHRMACHER. Halbe Uhren hab i allerdings nicht auf Lager.

VATER. Können S' ihm vielleicht eine anmessen?

PEPPERL *(greift alles im Laden an)*. Vater, i möchte eine mit recht viel Zeiger!

UHRMACHER. Jede Uhr hat zwei Zeiger und ein' Sekundenzeiger.

VATER. Sei nur stad, i kauf dir extra eine Schachtel Zeiger dazua.

PEPPERL. Vater, a Armbanduhr möchte i mit an Reama!

VATER. Dös hab i dir schon g'sagt, überspannte Sachen kriagst net.

PEPPERL. Dann mag i gar koane, außer so oane, wo da Deckel in d'Höh hupft.

UHRMACHER. Die Uhren mit Sprungdeckel sind aber bedeutend teurer.

VATER. Na na, nix Sprungdeckel! A solchene kannst dir amal selber kaufen, wennst älter bis!

PEPPERL. I bi ja scho älter – Vater, kaf ma oane mit an Sprungdeckel, juh Vater!

VATER. Was kost eine gewöhnliche Uhr?

UHRMACHER. Ohne Kette kost die Uhr 25 Reichsmark.

PEPPERL. Na Vater, ohne Kett'n mag i koa Uhr net!

VATER. Ohne Kette 25 Mark.

PEPPERL *(plärrt)*. Na Vater, i möcht a Uhr mit da Kett'n, bitt schön Vater, mit der Kett'n!

VATER. Ja sei nur grad stad, du kriagst ja oane mit der Kett'n; der Uhrmacher moant ja nur, mit der Kett'n kost de Uhr 30 Mark und ohne Kett'n 25 Mark.

PEPPERL. Na Vater, ohne Kett'n mag i's net!

VATER. Sei doch net so blöd, blöder Bua! Der Uhrmacher hat doch blos g'sagt, ohne Kett'n kost's 25 Mark.

PEPPERL *(plärrt was er kann)*. Na Vater, ohne Kett'n ziag i de Uhr net o, na mag i koa Uhr a net!

VATER. Ja Hundsbankert mistiger, glei geh'n ma wieder hoam, wennst net sofort dei Plärr'n aufhörst! – Glei kriagst a rechts Trumm Watsch'n statt a Uhr!

PEPPERL. Vater, a solchene möcht i, a so a große mit zwoa so Glocken!

VATER. Deppata Bua, des is ja a Wecker!

UHRMACHER. Das wär gelungen, wenn der Bubbb mit'm Wecker zur Firmung ginge!

VATER. Der hängat so an Regulator a auf'n Buckel nauf; dös is a wild's G'wachs, mei Pepperl!

UHRMACHER. Ja also, Spaß beiseite: zu was für einer Uhr wollen Sie sich denn entschließen?

VATER. Ja mei, nacha nimm i halt de zu 30 Mark mit der Kett'n!

PEPPERL. O fein, Vater, a fein!

VATER. Aber dös sag i dir glei – 30 Mark kost de Uhr, aber – den Fuaßball kriagst dann erst 's nächste Jahr!

PEPPERL. Na Vater, an Fuaßball möcht i glei! I mag koa Uhr, gehn ma Vater!

VATER. Na na, die Uhr …

PEPPERL. Na na na, i mag koa Uhr mehr, gehn ma Vater, gehn ma!

VATER. Entschuldigen's Herr Uhrmacher, zuerst hat er mi in Lad'n einazog'n und jetzt ziagt er mi wieder aussa!

Bum! (Türe schlägt zu).

Eine Schlamperei

Schauerliche Ritterkomödie

Oktober 42

Spielt in München – Im Jahre 1700 – in einem Gefängnishof

FEMRICHTER *(zum Scharfrichtergehilfen)*. Schleppe den Delinquenten herbei!
(Der Henkersknecht bringt den Delinquenten und gibt ihm Anweisung, dass er sich vor dem auf der

Bühne stehenden Richtpflock hinknien soll – der Delinquent kniet sich hin, die Hände hat er schon auf dem Rücken gefesselt.)

FEMRICHTER *(liest aus der Gerichtsurkunde heraus).* Ich gebe dem armen Sünder kund und zu wissen, dass der Herzog alleruntertänigst das Gnadengesuch abgelehnt hat und dessenthalben die Todesstrafe an dem Delinquenten sogleich zu vollziehen ist. Nepomuk Hachinger, Dienstknecht dahier, 33 Jahre alt, wird heute wegen Wegelagerei und sonstigen Räubereien mit dem Beil vom Leben zum Tode befördert. – Das peinliche Gericht stellt an den Verurteilten noch die letzte Frage, ob er noch einen Wunsch habe. Der letzte Wunsch wird ihm erfüllt. Jawohl!

DELINQUENT. Mein letzter Wunsch ist, dass man mir die Augen nicht verbindet, weil ich bei meiner Hinrichtung zuschauen möchte.

FEMRICHTER. Na, na – diesen eigenartigen Wunsch kann ich Ihnen leider nicht erfüllen.

DELINQUENT. Bitte! Sie haben soeben vor zwei Zeugen gesagt, mein letzter Wunsch wird mir erfüllt und das *ist* mein letzter Wunsch, dass ich dem Tode ins Auge schaue. – Ich bin kein Feigling! – Außerdem war es schon längst mein Wunsch, einer Hinrichtung beizuwohnen. Und da habe ich jetzt die beste Gelegenheit.

FEMRICHTER. Wünschen Sie sich das ja nicht! Das ist

etwas so Grausiges, das würden Sie Ihr ganzes Leben lang nicht vergessen.

DELINQUENT. Na, gar so lang wird das Leben nach meiner Hinrichtung nicht mehr dauern! – Oder meinen Sie das ewige Leben?

FEMRICHTER. Stellen Sie mir nicht solche Fragen, die ich nicht beantworten kann. – Jedenfalls kann ich nicht gestatten, dass Sie als Delinquent zugleich Zuschauer sein dürfen. *(Zum Scharfrichtergehilfen gewendet.)* Binde ihm die Binde um!

Scharfrichtergehilfe: Befehl vollzogen! (*Bindet ihm die Augen zu.*)

FEMRICHTER *(zum Scharfrichter, der von Anfang an mit verschränkten Armen und hochgehobenem Kopf unbeweglich neben dem Richtpflock steht)*. Und wenn das arme Sünderglöcklein ertönt – und wenn ich den Stab breche, so erhebe Dein Beil und amte Deines Waltes. Ah – Verzeihung! Und walte Deines Amtes.

DELINQUENT *(lacht laut, weil sich der Femrichter versprochen hat)*.

FEMRICHTER. Es ist pietätlos von Ihnen, eine Sekunde vor Ihrem Tode noch zu lachen.

DELINQUENT. Aber hoher Gerichtshof, das Sprichwort heißt doch: Wer zuletzt lacht, lacht am besten!

FEMRICHTER. Du wirst bald ausgelacht haben! *(Zum Scharfrichter.)* Was ist los? Trenne dem frechen Gesellen den Kopf vom Rumpfe.

Scharfrichter *(zu Richter).* Der Gehilfe ist noch nicht da, ich habe ihm befohlen, das Beil zu holen – er bleibt so lange aus.

Scharfrichtergehilfe *(eilt hastig und aufgeregt auf die Bühne und flüstert dem Scharfrichter ins Ohr).* Das ist doch eine Schlamperei!

FEMRICHTER. Was ist los?

Scharfrichter: Der Gehilfe findet das Beil nicht!

FEMRICHTER. Ah! Ah! Ah! Das ist ja nicht zu glauben! Das ist ja eine furchtbare Schlamperei!

Scharfrichter: Bei der letzten Hinrichtung vor zwei Jahren hab ich's in die Kammer hineingetan und jetzt ist es nicht mehr da.

FEMRICHTER. Aber so viel ich weiß, sind doch zwei Richtbeile da.

Scharfrichter: Wir haben schon zwei; aber das alte ist unmöglich. Das ist vollständig verrostet; da könnte der Geköpfte nach der Hinrichtung die schönste Infektion bekommen. Das wär eine riskante Sache!

Delinguent *(ungeduldig).* Ja, wie lang muss ich denn jetzt noch warten? Mir tun schon die Knie weh von dem langen Kniegeln.

FEMRICHTER. Stehen S' doch einstweilen auf, bis wir das Beil gefunden haben.

(Scharfrichtergehilfe nimmt dem Delinquenten die Augenbinde ab, macht ihm die Handfesseln los und bietet ihm einen Stuhl an.)

DELINQUENT. Bin so frei! *(Setzt sich auf den Stuhl.)*

FEMRICHTER. Das ist aber jetzt eine peinliche Sache! Sie entschuldigen schon, dass das gerade bei Ihnen vorkommen muss!

DELINQUENT. Kann ma nix machen! Schicksal!

Scharfrichtergehilfe *(kommt aufgeregt herein)*. Ich hab jetzt überall rumgsuacht, ich kann das Beil nicht finden!

FEMRICHTER *(zum Delinquenten)*. Des is aber wirklich a große Schlamperei! Sowas soll wirklich nicht vorkommen!

DELINQUENT. Dös is noch lang net das Schlimmste – wenn das Beil net da is. Viel peinlicher wär's, wenn ich mein' Kopf net dabei hätt!

FEMRICHTER. Ich verstehe nicht, dass Sie in dieser traurigen Situation noch Witze machen!

DELINQUENT. Ja, Herr Femrichter, das ist der richtige Galgenhumor!

FEMRICHTER. Galgenhumo! – Ah! – Jetzt bringen Sie mich auf eine gute Idee! Wenn wir Sie schon nicht köpfen können, weil das Beil nicht zu finden ist, so hängen wir Sie auf den Galgen.

DELINQUENT. Ausgeschlossen! In meinem Urteil hab ich es schwarz auf weiß, Enthauptung. Ich bestehe darauf, dass ich geköpft werde und zwar sofort. Jetzt bin ich schon amal da und Abschied hab ich auch schon gnommen von meine Angehörigen – also los!! Runter mitn Kopf! Scheißts net so lang rum!

FEMRICHTER. Wie man nur so eigensinnig sein kann!

DELINQUENT. Wenn Ihr schon so gschlampert seid und Euer Beil net findt', dös wo die Hautpsach is von der Hinrichtung, dann kann auch ich eigensinnig sein.

FEMRICHTER. Aber es gibt einen Ausweg! Wir könnten doch die Hinrichtung auf acht Tage verschieben – in acht Tagen wird das Beil doch in Gottes Namen zum Vorschein kommen.

DELINQUENT *(sich besinnend)*. Wissen S' was, Herr Fehmrichter, was heißt meine Hinrichtung auf acht Tage verschieben? Wenn Sie mich überhaupt nicht köpfen und schenken mir wieder die Freiheit, dann sag ich niemanden etwas von der Schlamperei mit dem verlorenen Beil.

FEMRICHTER *(besinnt sich)*. Also gut! – - Schaun S', dass S' weiterkomma – Aber! – - – 's Maul halten!

Die gestrige Zeitung

Sparkassenfilm No 8

Mai 1943

MANN. Du Frau, hat der Mann, der heute die gestrige Zeitung kaufen wollte, die Zeitung schon bekommen?

FRAU. Dem hab ich's schon gegeben.

MANN. Die gestrige?

FRAU. Nein, die heutige.

MANN. Ach! Der wollte doch die gestrige haben!

FRAU. Die gestrige hab ich nicht gehabt, dann hab ich ihm die heutige gegeben.

MANN. Wann?

FRAU. Heute. Die gestrige hab ich ihm für morgen versprochen.

MANN. Ich auch; dann brauchst Du ihm die gestrige nicht besorgen, weil ich ihm dieselbe besorge.

FRAU. Die gestrige können wir ihm beide nicht mehr besorgen, weil die Redaktion keine mehr hat. Dann muss halt der Mann eine vorgestrige nehmen!

MANN. Eine vorgestrige wird dem Mann doch nichts nützen!

FRAU. Na, wenn er schon eine alte Zeitung will, dann ist doch eine vorgestrige *noch* älter als eine gestrige!

MANN. Du hast Ansichten! In der gestrigen Zeitung kann aber etwas gestanden sein, was in der vorgestrigen nicht gestanden hat, was nicht einmal in der heutigen steht!

FRAU. Ja, ja! Das hat ja der Herr gesagt, und dann hat er mir die heutige abgekauft und hat gesagt: Auweh!, da steht's nicht drin! Wahrscheinlich ist das gestern drin gestanden! – *Was* dringestanden sein soll, das hat er mir nicht gesagt!

MANN. Das steht dann sicher in der gestrigen drin!

FRAU. Was?

MANN. Was der Mann in der heutigen g'sucht hat.

FRAU. Das glaub ich nicht, denn solche Sachen stehn oft gar nicht in der Zeitung!

MANN. Was für Sachen?

FRAU. Na ja, so geheime Sachen!

MANN. Woher weißt du denn, dass der Herr eine geheime Sache sucht?

FRAU. Na, wenn das nichts Geheimes wär, dann hätt er mir doch gesagt, was er sucht!

MANN. Was er sucht! – Wasersucht! – Wassersucht ist doch nichts Geheimes, das ist eine Krankheit. Natürlich liest man auch in der Zeitung von Heilmitteln. Vielleicht steht's in der morgigen Zeitung!

FRAU. Die morgige gibt's doch heute noch nicht!

MANN. Aber morgen gibt's die heutige!

FRAU. Aber der Mann will doch die gestrige!

MANN. Ach! – Du machst mich noch ganz wirr! Der Mann war doch gestern da, nicht heute! Und gestern wollte er die gestrige, also ist das in diesem Falle die vorgestrige!

FRAU. Nein! – – – Das hat der Herr nur vermutet; er hat gemeint, wenn es nicht in der gestrigen steht, dann könnte es eventuell in der vorgestrigen stehen.

MANN. Du verstehst mich nicht! Sagen wir, der Mann wäre erst morgen gekommen und hätte die gestrige Zeitung wollen, dann wäre die heutige Zeitung die gestrige gewesen, und die gestrige die vorgestrige. In Wirklichkeit aber wäre die vorgestrige die gestrige gewesen; hast du das verstanden?

FRAU *(ganz laut)*. Ja nicht im Geringsten!

MANN *(zornig)*. Das ist ja auch gar nicht wichtig! Der Herr braucht *die* Zeitung, wo das drinsteht.

FRAU. Dann muss er *doch* in der vorgestrigen nachschauen!

MANN. Ja, steht's denn in der vorgestrigen?

FRAU. Ja, das weiß doch *ich* nicht, der Mann weiß es ja selbst nicht!

MANN. Ja wenn's er selber nicht weiß, was drinsteht, wie soll's denn wir dann wissen!

FRAU. Natürlich weiß er das, was drinstehen soll, nur wo es drinsteht, in was für einer Zeitung, das weiß er nicht! Zu mir hat er g'sagt, in der gestrigen … Hallo! Hallo! – Sie Herr! – Du, da ist der Herr! – Sie, die gestrige Zeitung hab ich leider nicht mehr bekommen, wo das drin stehn soll, was Sie suchen …

HERR. Ach, das ist nicht so wichtig! Ich brauch die Zeitung nicht mehr. Ich wollte nur wissen, ob die Sparkasse für eisernes Sparen auch nachmittags geöffnet ist.

Karl Valentin 1936 mit seinem Hund Bopsi.
Die Aufnahme entstand während der Dreharbeiten
zu *Donner, Blitz und Sonnenschein*

Zeittafel

1882 Valentin Ludwig Fey kommt in München als Sohn des Tapezierermeisters und Speditionsunternehmers Johann Valentin Fey und seiner Frau Maria Johanna, geborene Schatte, zur Welt. Seine älteren Geschwister versterben an Diphtherie, Valentin überlebt nur knapp und wächst als Einzelkind auf.

1897–99 Schreinerlehre in München. Die erlernten Fertigkeiten nutzt Valentin später für den Bau seiner Bühnenkulissen.

1899–1901 Gesellenjahre und erste Auftritte als Komiker bei Vereinsfeiern.

1902 Besuch der Varietéschule des Komikers Hermann Strebel. Erster Auftritt unter dem Künstlernamen Karl Valentin in Nürnberg. Tod des Vaters.

1902–06 Weiterführung der väterlichen Spedition sowie Auftritt als Musikkomiker.

1905–08 Verkauf der Spedition, Umzug mit seiner Mutter in deren Heimatstadt Zittau, erfolglose Tournee mit dem selbstgebauten Musikinstrument, genannt das »Lebende Orchestrion«.

1908 Erste Erfolge in München auf der Volkssängerbühne des Frankfurter Hofs.

1911 In München lernt Valentin Elisabeth Wellano (1892–1962) kennen, seine spätere Bühnenpartnerin. Im selben Jahr heiratet er Gisela Royes (1881–1956), mit der er bereits zwei Kinder hat.

1912 Erster Film im eigenen Studio mit dem Titel *Karl Valentins Hochzeit*.

1913 Erster gemeinsamer Auftritt mit Wellano unter ihrem Künstlernamen Liesl Karlstadt.

1914 Kurzfilm *Der neue Schreibtisch*.

1922 Kurzspielfilm *Mysterien eines Frisiersalons* unter der Regie von Bertolt Brecht und Erich Engel.

1923 Tod der Mutter.

1924 Aufführung des Theaterstücks *Die Raubritter vor München* in den Münchner Kammerspielen.

1928 Erstes Gastspiel im Berliner *Kabarett der Komiker*.

1932 Auftritt in dem Film *Die verkaufte Braut* von Max Ophüls.

1933 Verfilmung des Theaterstücks *Tingeltangel* unter dem Titel *Orchesterprobe*.

1934 Verfilmung der Theaterstücke *Theaterbesuch* und *Der Firmling*. Eröffnung des Panoptikums, einer Grusel- und Kuriositätenschau. Noch im selben Jahr muss diese aber wieder schließen. Valentin und

Karlstadt, die ebenfalls investiert hatte, verlieren einen Großteil ihres Vermögens.

1936 Der Film *Die Erbschaft* wird gedreht und wegen »Elendstendenzen« von der Filmprüfstelle verboten.

1940 Gemeinsam mit Liesl Karlstadt letzter öffentlicher Bühnenauftritt vor Kriegsende.

1941–45 Valentin zieht von München-Mitte in die vom Bombenkrieg weniger gefährdete Vorortsgemeinde Planegg, wo er ein Haus besitzt. Seine Münchner Wohnung wird am 25. April 1944 durch Bomben zerstört. In Planegg schreibt er das Buch *Meine Jugendstreiche*, das posthum 1951 veröffentlicht wird.

1947 Gemeinsamer Bühnenauftritt mit Liesl Karlstadt. Der Versuch eines Comeback scheitert.

1948 Karl Valentin stirbt infolge einer Lungenentzündung.

Textnachweise

Die Texte der vorliegenden Ausgabe folgen – unter behutsamer Angleichung an die neue Rechtschreibung – der hier verzeichneten Edition; in den Textnachweisen wird sie jeweils mit der angegebenen Titelsigle abgekürzt zitiert.

WA Karl Valentin: Sämtliche Werke in acht Bänden. Hrsg. auf der Grundlage der Nachlaßbestände des Theatermuseums der Universität zu Köln, des Stadtarchivs und der Stadtbibliothek München sowie des Nachlasses von Liesl Karlstadt von Helmut Bachmaier und Manfred Faust. München/Zürich: 1991–1997.

WA1 Bd. 1: Monologe und Soloszenen. Hrsg. von Helmut Bachmaier und Dieter Wöhrle. München 1992.

WA2 Bd. 2: Couplets. Hrsg. von Helmut Bachmaier und Stefan Henze. München 1994.

WA3 Bd. 3: Szenen. Hrsg. von Helmut Bachmaier und Stefan Henze. München 1995.

WA4 Bd. 4: Dialoge. Hrsg. von Helmut Bachmaier und Andreas Hohenadl. München 1996.

WA7 Bd. 7: Autobiographisches und Vermischtes. Hrsg. von Stefan Henze und Andrea Heizmann. In Zsarb. mit Max Auer. München 1996.

WA8 Bd. 8: Filme und Filmprojekte. Hrsg. von Helmut Bachmaier und Klaus Gronenborn. Henze. München 1995.

I Autobiographisches

26 WA7 66–70 | 32 WA7 93 | 33 WA7 118 | 34 WA7 121

II Couplets

36 WA2 81 f. | 38 WA2 99 f. | 40 WA2 202–204 | 43 WA2 170 f. | 45 WA2 172 f.

III Monologe

47 WA1 13–15 | 51 WA1 15–17 | 53 WA1 17–19 | 57 WA1 21 f. | 58 WA1 24–26 | 61 WA1 98 f. | 63 WA1 126–128 | 67 WA1 147–150

IV Dialoge

72 WA4 266 f. | 75 WA4 203–206 | 80 WA4 184 | 81 WA4 176 f. | 84 WA4 162 f. | 86 WA4 144 | 86 WA4 125–127 | 89 WA4 100–102 | 92 WA4 90–92 | 95 WA4 61 f. | 98 WA4 63 f. | 101 WA4 44–46 | 104 WA4 40–42 | 107 WA4 31 f. | 109 WA4 24–26 | 114 WA4 168–170 | 117 WA4 270–272 | 121 WA4 49 f.

V Szenen

126 WA3 56–65 | 139 WA3 125 f. | 142 WA3 127–129 | 145 WA3 129–132 | 150 WA8 91–93

Verzeichnis der Abbildungen